究極の問題解決力が
身につく

瞬発思考

寺嶋直史

はじめに

「もっとよく考えるように」
「もう一度、考え直してほしい」
日々、仕事をしていると、このように言われることがあります。

たとえば、仕事の報告書を作成した場面を考えてみてください。自分なりによく考えて書き上げた報告書を上司に提出したところ、冒頭のように言われて突き返される、というのは珍しいことではないでしょう。

そうなれば、ああでもない、こうでもないと悩むことになります。

でも、この「悩む」というのは、実は多くの場合、「思考」にまでは到達しません。何か解決策が出てくることも、新しい課題が発見されることもほとんどなく、ただその場で足踏みをしているようなものになりがちです。

あるいは、インターネットで色々と調べたりするかもしれませんが、それも「作業」であって「思考」ではありません。

つまり、「もっと考えろ」と言われても、多くの場合、「思考を深める」ことができていないのです。

それどころか、**「もっとよく考えろ」と言われたことでかえって思考停止に陥り、多くの時間を費やしてしまう**ことになっているのが現状です。

なぜ、このようなことになってしまうのでしょうか。それは、**どのような手順で考えればいいのかという「考える手順」を知らない**からです。

プラモデルは、説明書に記載されている手順どおりに組み立てるからスムーズに完成させることができます。説明書がなければ、完成はかなり困難です。

料理でも、レシピどおりの手順で作れば、たまにしかキッチンに立たない人でもおいしく完成させることができます。

物事をスムーズに進め、最短ルートで目標に到達するために、「手順」を知ることは不可欠です。思考においてもそれは同じ。あらゆる仕事で成果をあげるための、「考えるための手順」が存在します。

まず何から考えて、次にどうしたらいいか。それを知っていれば、思考はどんどん深まり、仕事がさくさく進んでいくようになるのです。

あらゆる仕事で成果が出る「瞬発思考」

思考を深めていくことができるようになると、仕事のあらゆる面で成果を出せるようになります。

その能力を持った人がどれほど職場で重宝されるか、「仕事での困った状況」をいくつか想定してみてください。

大事なお客様からクレームが来て、すぐに解決しなければならないのに、1人では結論を出せないとしましょう。

このとき、上司に相談したのに、その答えがまったくの的外れだったり、「それはあっちの部門の責任だからそっちへ行け」と他に押しつけたり、結論のない話で解決策が見いだせなかったりしたら、相談した部下はがっかりするでしょう。

反対に、こんな相談に対して、即断即決で最適な結論を提案し、すぐに解決に導くことができるとしたら……。部署が一丸となって、成果をあげていくことができるのではないでしょうか。

今、日本企業における多くの会議が「ムダだ」と言われています。

実際、様々な人が好き勝手に発言をして上司が最後に「鶴の一声」で話を終えるか、あるいは決まり切った流れを辿《たど》るだけの儀式のような状態に陥ってしまっていることが少なくありません。これでは、何のために会議をしているのかがわからず、「ムダ」と言われても仕方がないでしょう。

この現状も、「思考を深めていける人」が1人いるだけで、大きく好転します。

なぜなら、**思考を深めることができる人は、現状を丁寧に確認して問題点を導き出し、真の原因を究明して、どうあるべきかのゴールを描き、そのゴールに向かって1つ1つ具体策を提案することができる**から。多様な意見を引き出し、まとめていくことができるのです。

的確、合理的で、自然と全員を巻き込んで1つの方向にまとめることのできる解

「手順」に従うだけで、最短で最高のものが生み出せる

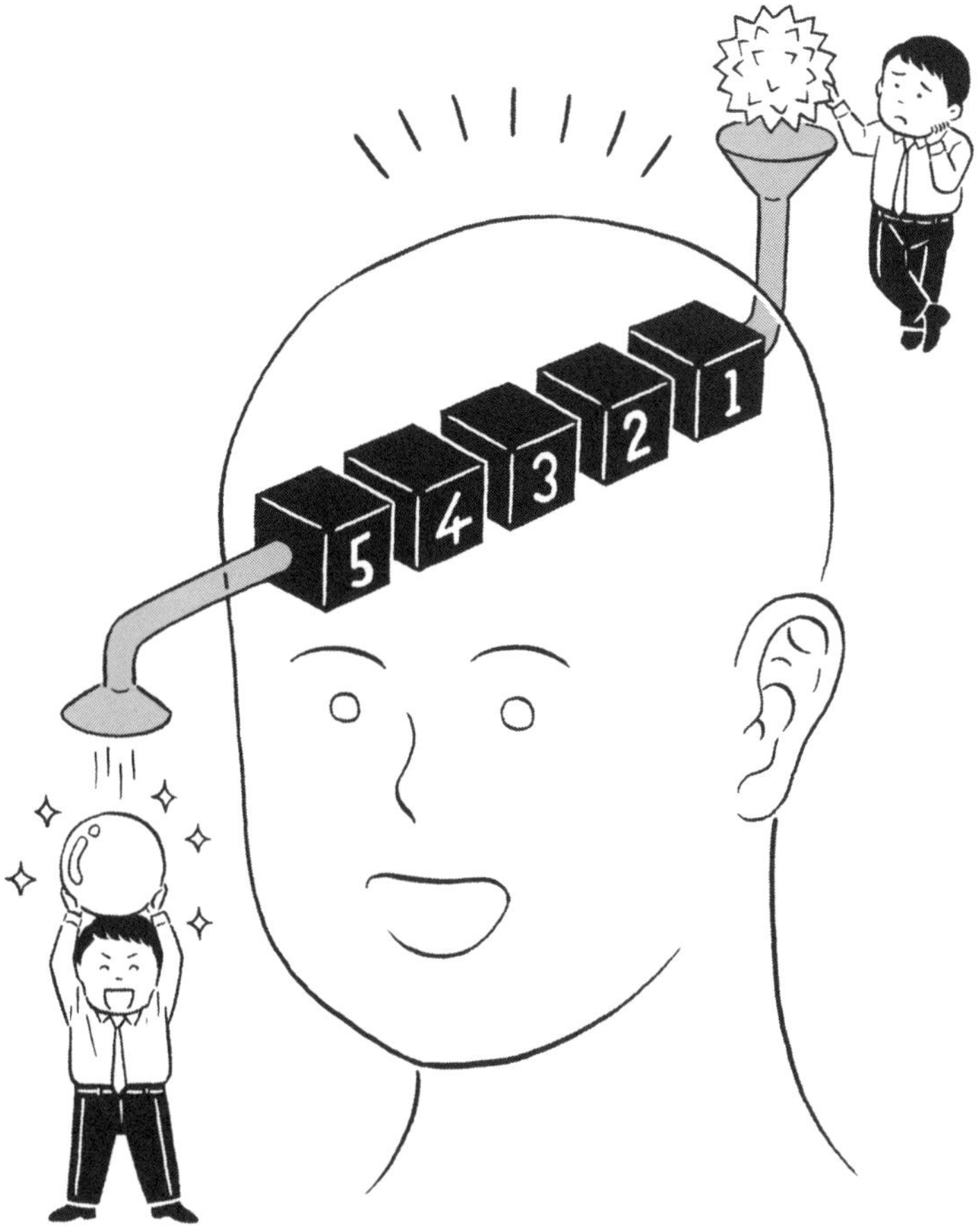

決策を導ける人がいれば、仕事の質とスピードは一気に向上するでしょう。

きっとその人は周囲に頼られ、尊敬されるはずです。その人がきっかけとなって、職場全体に「思考を深められる人」が増えていけば、**職場全体が活気溢れるクリエイティブな環境へと変わる**でしょう。

こういった仕事の能力は、生まれ持った才能や人望によって決まるものではありません。本書で「瞬発思考」として紹介するスキルを身につければ、**誰でも即断即決で優れた判断を行ない、業績を伸ばすことができる**のです。

思考力は、才能ではなくスキルです

本書では、このような「思考を深めるコツ」――「瞬発思考」法をご紹介していきますが、具体的な説明に入る前に、すべての仕事の根幹をなす「思考法」を提案する私が何者か、簡単に自己紹介をさせてください。

私は今、「事業再生コンサルタント」として、様々な業種の中小企業の事業再生のアドバイスをしています。その内容をひもとけば、

- **その企業の実態の把握**
- **業績が悪化した原因の分析**
- **再生するための方向性と具体策の提案**

といったところでしょうか。

この、調査から報告書作成までの一連の仕事を「事業デューデリジェンス」というのですが、外部環境、財務分析の他、経営・組織、営業、製造、店舗など様々な職種の内部環境を詳細に分析しなければなりません。

企業が抱える問題は実に多種多様で、かつ様々な要因が複合的に絡み合っています。その膨大な情報から、細かい問題点を1つ1つ拾っていき、原因を究明して、その企業の改善施策を、戦術レベル（具体的な行動に移せるレベル）にまで描いていくのです。

そのため、この「事業デューデリジェンス」は、**コンサルタントの中でももっとも難易度が高いものの1つ**と言われています。実際、高いクオリティの報告書を作

成できるコンサルタントは非常に少ないのが現状です。

そのため、熟練のコンサルタントでもひとつの案件に、2〜3人のチームで1〜1・5カ月程度かけて行なうことが多いようです。

一方で私は、製造業、小売業、サービス業など様々な業種で、この一連の仕事を、長年たった1人でこなしてきました。それも、かかる時間は実質10日前後。

現状把握や原因分析は、いかに的確にポイントをおさえるかにかかっています。人手も時間も、かければいいというものではありません。本書でご紹介する思考法によって、私は同業の方と比べるとはるかに短い時間で、高いクオリティの仕事をすることができているのです。

ありがたいことですが、私の「事業デューデリジェンス」の手法は業界内でも定評があり、より多くのコンサルタントが実行できるよう体系化する機会もいただきました（拙著『再生コンサルティングの質を高める 事業デューデリジェンスの実務入門』参照）。また、コンサルタント育成のために「経営コンサルタント養成塾」を開設して、「事業デューデリジェンス」のより詳細なノウハウを伝えています。

本書では、優秀な経営コンサルタントを育成するために考案したプログラムの中から、**「考える」「思考を深める」**というところに焦点を当て、皆さんの日々の業務に役立つかたちでお伝えしていきます。

本書でお伝えするスキルのベースになっているのは、サラリーマン時代に習得した「瞬発思考」による問題解決力です。

詳しくは後ほどお話ししますが、実は私自身も、社会人になってすぐの頃は、降ってくる仕事をこなすのが精一杯の、どこにでもいるサラリーマンの1人でした。物覚えがいいほうでもなく、要領もいまひとつ。新人の頃は「落ちこぼれ」のグループに属していたと思います。

その状況を脱する中で、起こっている問題の核心を迅速につかみ、対処するために編み出したのが、「瞬発思考」なのです。

どんな業種の仕事をしている方でも、「瞬発思考」を身につければ、**仕事上の日**

常の問題や、会議での課題解決、クレーム処理、部下や顧客からの相談など、様々な場面で、即断即決で最適な解決策を導き出すことができるようになります。

私は、クライアントからの依頼で、現場で相談を受け、その場で解決策・改善策を提示するコンサルティング手法をとることがよくありますが、そこでもこの「瞬発思考」は大いに役立っています。

「瞬発思考」は、「仕事ができる人」に変わる片道切符

あらゆる仕事のスピードと質を飛躍的に向上させることができる、それが「瞬発思考」の本質です。

もし、あなたが今、仕事がうまく進まずに悩んだり落ち込んでいても、あるいは、「知識が足りない」「学歴が低い」など、劣等感を持ち、前向きな気持ちになれていなくても、心配することはありません。

仕事の実力は、前述のとおり、「知識」も「学歴」も関係はなく、誰もが「瞬発

瞬発思考は、最高のゴールに続く最短ルート

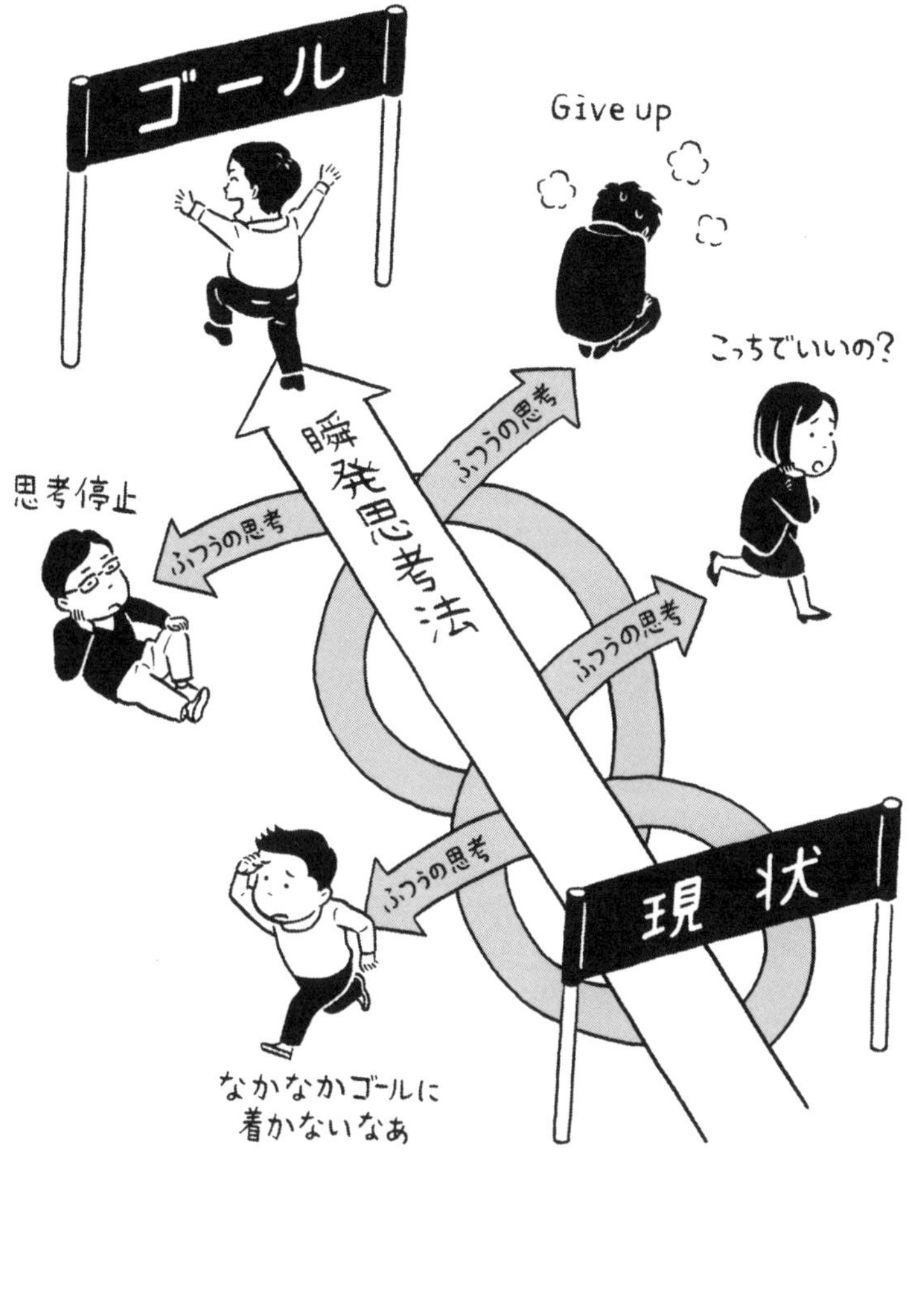

思考」を身につけることで、充実した仕事生活を送れ、周囲から認められるようになるのです。

1人でも多くの方が、この「瞬発思考法」によって、「問題解決力」を身につけ、仕事を楽しんで、充実した毎日を送れることを願っています。

寺嶋直史

目　次

第1章 問題の本質を最速でつかむ人は、「どこ」を見ているのか？

第2章 あらゆる「考える力」が一気に伸びる「瞬発思考」習得法

第3章 究極の問題解決力が身につく練習問題

第4章
事態を正しくひもとき、解決するための「情報収集」テクニック

第5章　問題解決力をさらに高める「瞬発思考」のエッセンス

第1章

問題の本質を最速でつかむ人は、「どこ」を見ているのか？

仕事は問題だらけ。すぐ解決できないから、悩みが尽きない

仕事をしていると、日常的に様々な問題に遭遇します。「問題」とは、「現状と目標（あるべき姿）との負のギャップ」という定義が一般的ですが、ここでは「仕事や日常で日々発生する、解決・改善・修正すべき事柄、悩み事、困り事、不安、不満、不便、心配事、厄介《やっかい》事の総称」です。つまり、皆さんに何か困り事が起きたら、それはすべて「問題」なのです。

これらの問題に、日々、皆さんは頭を悩ませているでしょう。

たとえば、次のようなケースです。

- 部下や後輩から質問をされたが、的確なアドバイスができない。
- 上司から仕事の指示を受けたが、どうしたらうまくできるかわからない。
- お客様から質問を受けたが「わからない」と言えず、適当に回答してしまった。
- 上司へうまく報告できず「意味がわからない」と言われてしまった。
- いつも上司の指示に従っていて、自分で解決策を導けない。
- 会議で、周囲が何の話をしているかわからなくなる。指名されてもうまく発言できない。

これらはほんの一例です。

さらに、問題は、仕事だけに起こるものではありません。日常生活でも、子育てや介護、親兄弟・友人・ご近所とのトラブル、病気やケガなど、私たちの生活には、いろんな種類の問題が起きます。

それらの問題は、発生後すぐに解決できればいいのですが、対応が遅れたり、うまく対処できず解決に時間がかかったり、解決できなかったり……。

そう、私たちは、仕事でも日常生活でも、常に悩みを抱えてしまいがちなのです。

しかし、もし皆さん自身が、瞬時に最適な解決策を導き出せる「瞬発思考」を身につけることができたらどうでしょうか。

今まで、仕事やプライベートで色々と問題が発生するたびに、思い悩んで、結局うまくいかずにへこんでいたとしても、そんな辛い人生からは解放されるでしょょう。

それだけではありません。**仕事をもっとスピーディにこなせ、やりがいを感じながら取り組める**ようになります。

もっと**自分の時間を作る**ことができ、**家族との時間や趣味の時間に充てることもできる**ので、より充実した生活にもなっていきます。「瞬発思考」を身につけることによって、それだけの効果が生み出せるのです。

その力は、**いわゆる「仕事ができる人」「できる先輩」「できる上司」のレベルではない、と断言できます。というのは、今、「できる人」と言われる人の多くは、「考える力」があることでそのような評価を得ているわけではない**からです。

「この人はできる」と言われる多くの人は、自身の「経験」や「知識」からそのまま提案をしている人がほとんどです。つまり、「考えて導いたものではない」ため、その人が未経験なことや、専門外の話になると、突然、切れ味が鈍くなってしまうのです。

未経験の問題も、起こったその場で解決できる

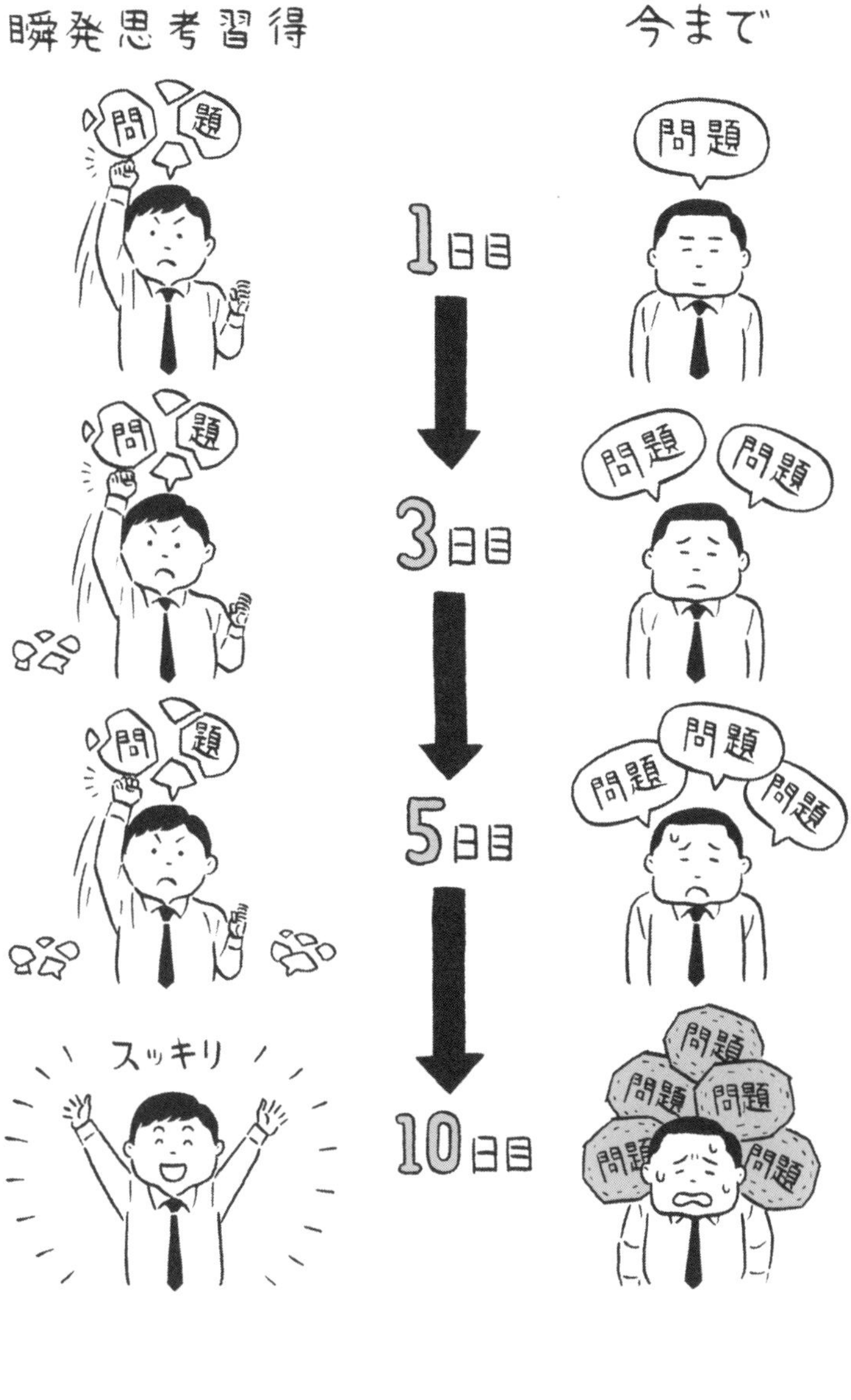

本来の「問題解決力」とは、自身の専門外のことでも、未経験であっても、その状況に応じた、最適な解決策を瞬時に導き出せる能力のことであり、このスキルを持った人が、次に紹介するような「できる人」になれるのです。

瞬発思考（＝問題解決力）を習得した人

どんな状況でも、自身の専門外や未経験の問題に遭遇しても、即断即決で最適な解決策を導ける。

そうすると、あなたの生活は変化してくるでしょう。
たとえば、こんな場面が見られるかもしれません。

- **提案書や企画書、その他の書類において、作成のスピードと質が向上する。**
- **会議でも、常に合理的かつ的確な提案ができる。**
- **会議やプレゼン、提案書等で、自身の意見が採用される。**
- **結果が出るようになるので、業績も必然的にあがる。**

瞬発思考が、あなたを“ダントツ”にする

・お客様から感謝されるようになり、指名が増える。
・チームリーダーや重要ポストに抜擢《ばってき》される。
・それまでの「大勢の中の1人」から「オンリーワン」になれる。
・周囲から尊敬され、顧客からは感謝され、ますます仕事にやりがいを感じる。

いかがでしょうか。このような状況が、ここでいう「瞬発思考」さえ身につければ、誰にでも実現できるのです。

本当に仕事ができるかどうかは、「知識の量」や「学歴」ではありません。むしろ、それらすべてがなかったとしても「瞬発思考」を身につけていれば、どんなステージでも通用する人材になれます。

それでは、これから「瞬発思考（＝問題解決力）」の身につけ方を、詳しく見ていきましょう。

判断のスピードと質は、「これ」で決まる

まずはこの「瞬発思考」のメカニズムを、思考以外の切り口で説明していきます。

どんな仕事でも、物事を完成させるためには「作業」を行ないます。

たとえば、１つのレポートを完成させるために、テーマを決める、レイアウトを構成する、文章を作成する、写真を貼り付ける、校正する、などの作業を行ないますが、これら１つ１つがまさしく「作業」です。

そして、その作業をすばやく適切に行なうためには、「どんな内容」を「どの順番」で行なうかという**「手順」がとても重要**になります。この順番を間違えると、当然望ましい結果は生まれません。

具体的に、「モノ作り」の場合で考えてみましょう。

モノ作りには、

①仕入→②加工→③組立→④検査→⑤完成

といった、完成までに行なう決まった工程、手順があります。

すべてに決まった手順が存在するので、その製品についてまったく知識がない素人《しろうと》でも、パートやアルバイトとして突然その一端を任されても、スピーディかつ高品質に、製品を完成させることができるのです。

もし、その工程がなくなってしまったら、完全に作業はストップしてしまいます。これはアルバイトやパートに限った話ではありません。正社員であっても、最初に作り方の手順がわからなければ、作業に取り掛かることさえできません。

モノ作りにおいては、作業手順を適切に把握できていないことで、多大な時間と労力のムダを生み、たとえ試行錯誤によって完成させたとしても、品質の低下を招いてしまうのです。

「いい手順づくり」が「いい作業」の原点

では、「何をどの順番で行なうか」という「手順」が決まっていたらどうでしょうか。

手順がわからなければ、前へは進めない

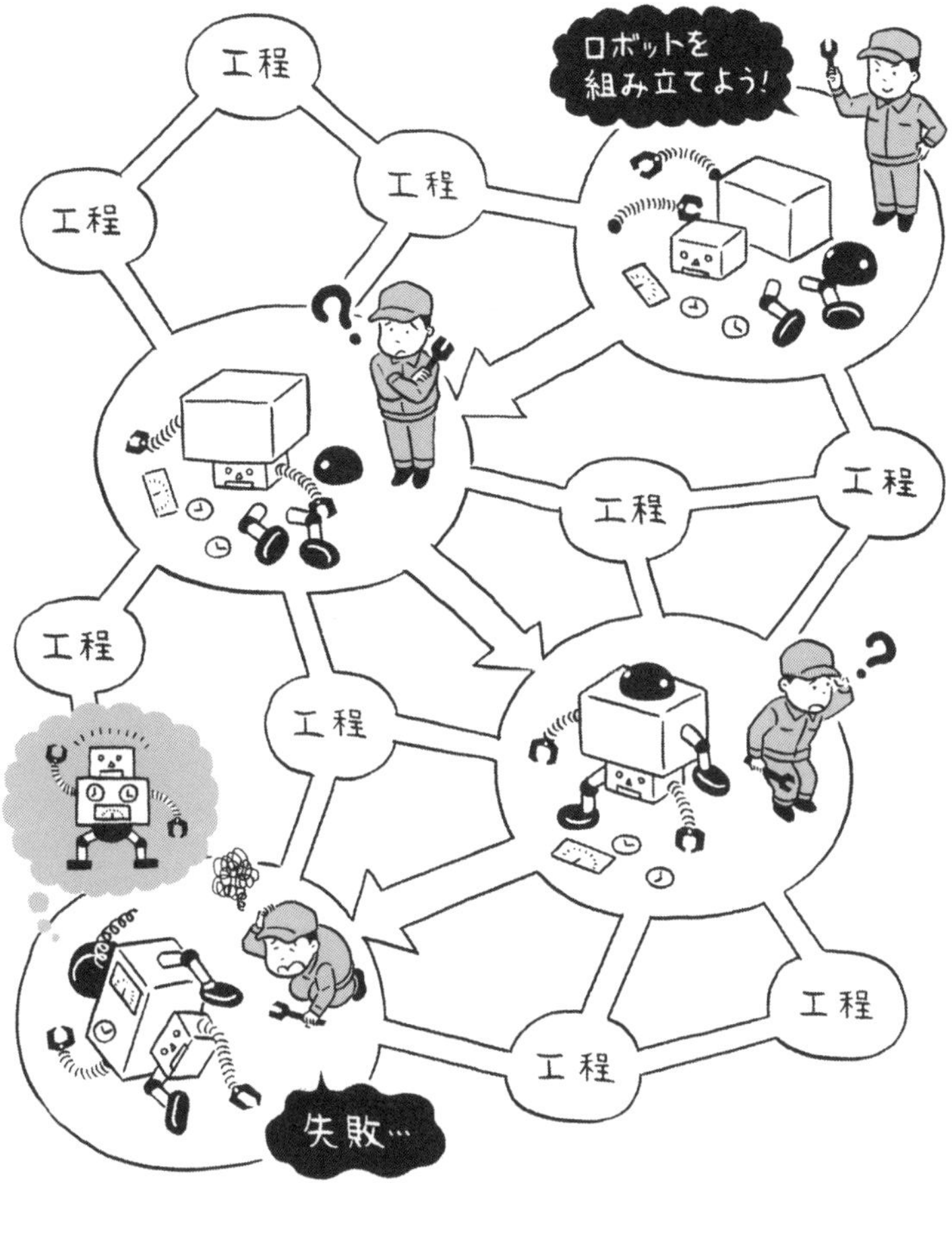

何から着手し、次の手順は何か、何をどうすればよいか、などがすべて決まっているので、迷うことも、ムダな時間を費やすこともありません。負荷を最低限に抑えられるので、作業スピードが格段にあがります。そして、作業内容が明確であれば、1つの作業に集中できるので、品質が格段に向上します。

モノ作りのように組織的に行なうものでなくても、私たちが個人で作ったり、組み立てたりする、小規模かつ単純な作業でも同じです。

たとえば、組み立て式の家具を買ったとき、付属の手引書に書かれている手順どおり組み立てれば、誰にでも簡単に家具を完成させることができます。

もし同じ家具を2個、3個と作っていったとしたら、手順を覚えてしまい、手引書を見ずに組み立てられるようになるでしょう。

そしてもっと慣れてきたら、より効率的に、スピーディに作業を進めることができるようになります。

料理でも同じです。料理をしたことがない人でも「レシピ」を見ながら料理をす

レシピも、おいしい料理を作るための手順書

れば、ある程度のクオリティの一品が完成します。そして慣れてくれば、レシピを見ずに、よりスピーディに料理を完成させることができます。

料理経験のない人に、材料と調味料を用意して、レシピなしでいきなり、

「コロッケを作ってください」

とお願いしても、

「最初に何から手をつけるべきか？」

「いつ、何の具材を混ぜるのか？」

「味付けのタイミングや順序は？」

「衣の付け方は？」

「どのくらいの時間、何度の温度で揚げるのか？」

など、何もわからないから、悩んでしまって作業は進みません。記憶だけを頼りに何とか形にはできたとしても、多くの場合、イメージどおりのおいしいコロッケにはならないでしょう。

以上のように、私たちの生活で起こるどんな作業でも、あらかじめ定めてある手順どおりに1つ1つ行なうから、一定の品質とスピードで完成させることができます。

そして**手順を覚えて慣れてきたら、手引書やマニュアルを見なくても、スピーディに、高品質に完成させることができる**ようになるのです。

正しい答えを導き出すには、「正しい考え方」が不可欠

これまで、スピーディかつ高品質にモノを完成させるには、作業の「手順」を明確にすることが重要、ということをお話ししてきました。

実はこれというのは、「作業」だけでなく「思考」にも同じことがいえます。

つまり、**問題をすばやく的確に解決する策を導くためには、手順を明確にし、その手順どおり思考することが必要**なのです。

たとえば、上司から漠然と、

「考えが浅い！」

「もっと考えろ！」

と言われても、多くの人は具体的にどうしたらいいのかがわからず、思考停止に陥ってしまいます。

これは、ものの考え方、つまり「思考の手順」――まず何から考えて、次に何を考えたらいいのかがわからないから起きるのです。

世の中のほとんどの人が、この「思考にも手順がある」という事実を知りません。思考の手順を知らない中で、難解な問題にも取り組んでいるのです。

手順のある思考には、試行錯誤は必要ない

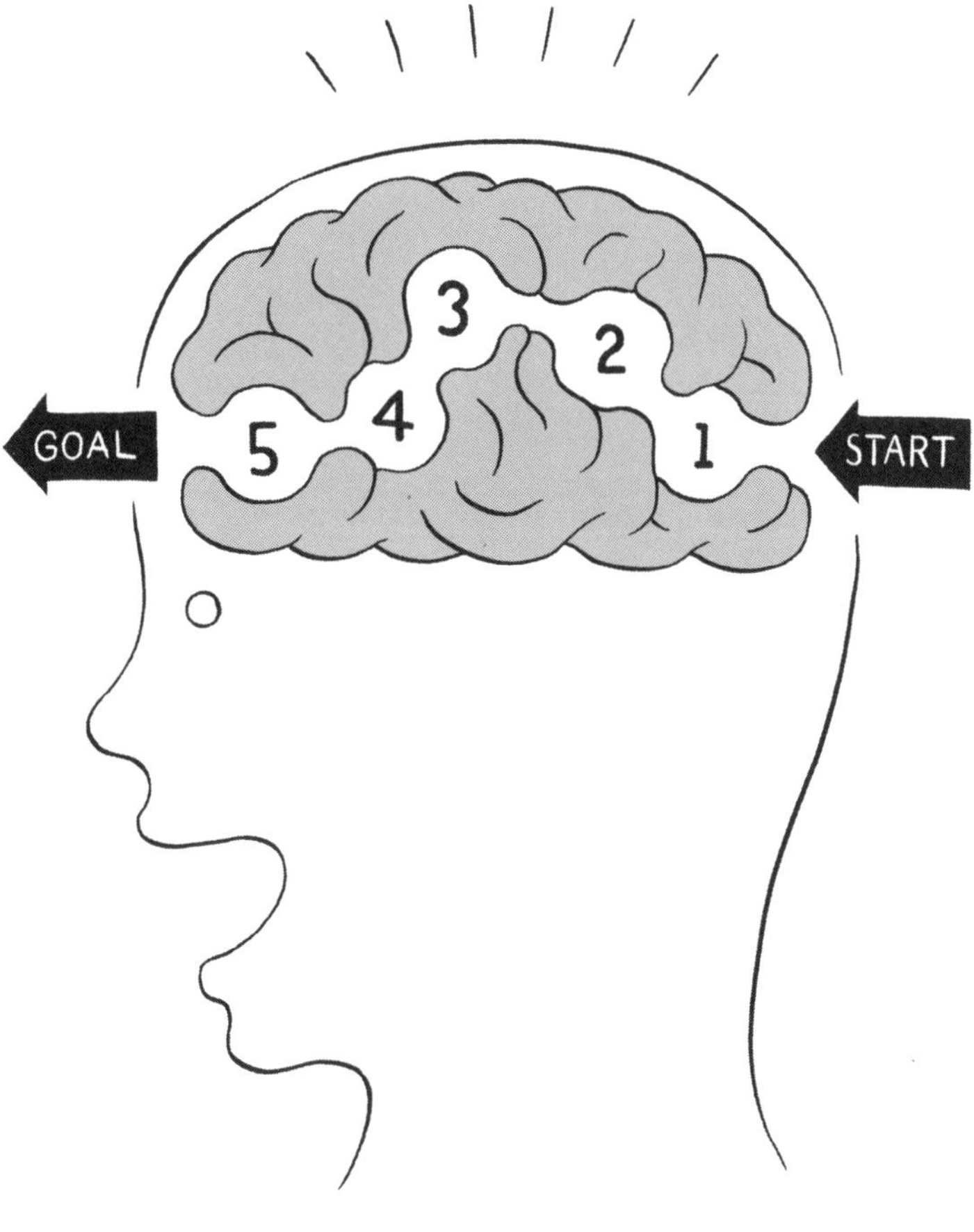

この状況は、工程を知らずにモノ作りをしようと試行錯誤していること、料理の素人がレシピなしに料理を作ることと、同じ状態です。

知らないから、うまくいかなかったり、解決できなかったりするのです。だから、仕事がうまくいかなくても、問題を抱えたまま悩みつづけてしまっても当然であって、今の段階では心配することはありません。

問題を解決するための思考にも手順があり、その手順どおりに思考すれば、誰でも解決策まで簡単に辿り着ける。

この「思考の手順」を徹底的に効率化・実用化したものが、この「瞬発思考」です。この**瞬発思考法で思考することで、問題解決力を極限まで高めることができる**のです。

問題解決力を高める思考の5ステップ「瞬発思考」

ここでいま一度、この「問題解決力」と「瞬発思考法」を整理しておきます。

問題解決力とは

様々な問題に対し、迅速かつ的確に解決策を導き出せる思考力（スキル）。

瞬発思考とは

問題を解決するための思考の手順で、この思考法を繰り返し思考することで、自然にこの思考法で物事を捉えられるようになり、問題解決力が習得できる。

「瞬発思考法」と「問題解決力」のポイント

①皆さんが行なうのは、このたった１つの「瞬発思考法」だけ。
②この思考法で日々考えるだけで、どの現場のどの問題に遭遇しても、すべて解決策まで導ける。
③「瞬発思考法」どおり思考を繰り返すだけで、「問題解決力」が身につく。
④「問題解決力」は「思考力」そのもの。書面上で分析して結果を得るのではな

く、すべて「頭の中」だけで処理して解決策を導き出せる。したがって、書面で文書化したり、情報を書面上で整理する必要はない。

⑤「問題解決力」は「スキル」であって、誰でも身につけられる。

詳細は次章以降で説明していきますが、瞬発思考法の手順を簡略化すると、次のようになります。

瞬発思考法（問題解決）の手順

①現状把握→②問題発見→③原因究明→④ゴール・イメージ→⑤具体策

この問題解決力を高いレベルで活用できる姿、つまりゴールは以下の通りです。

問題解決力習得のゴール

どんな状況でも、自身の専門外や未経験の問題に遭遇しても、即断即決で最適な解決策を導けるようになる。

これが「瞬発思考法」だ!

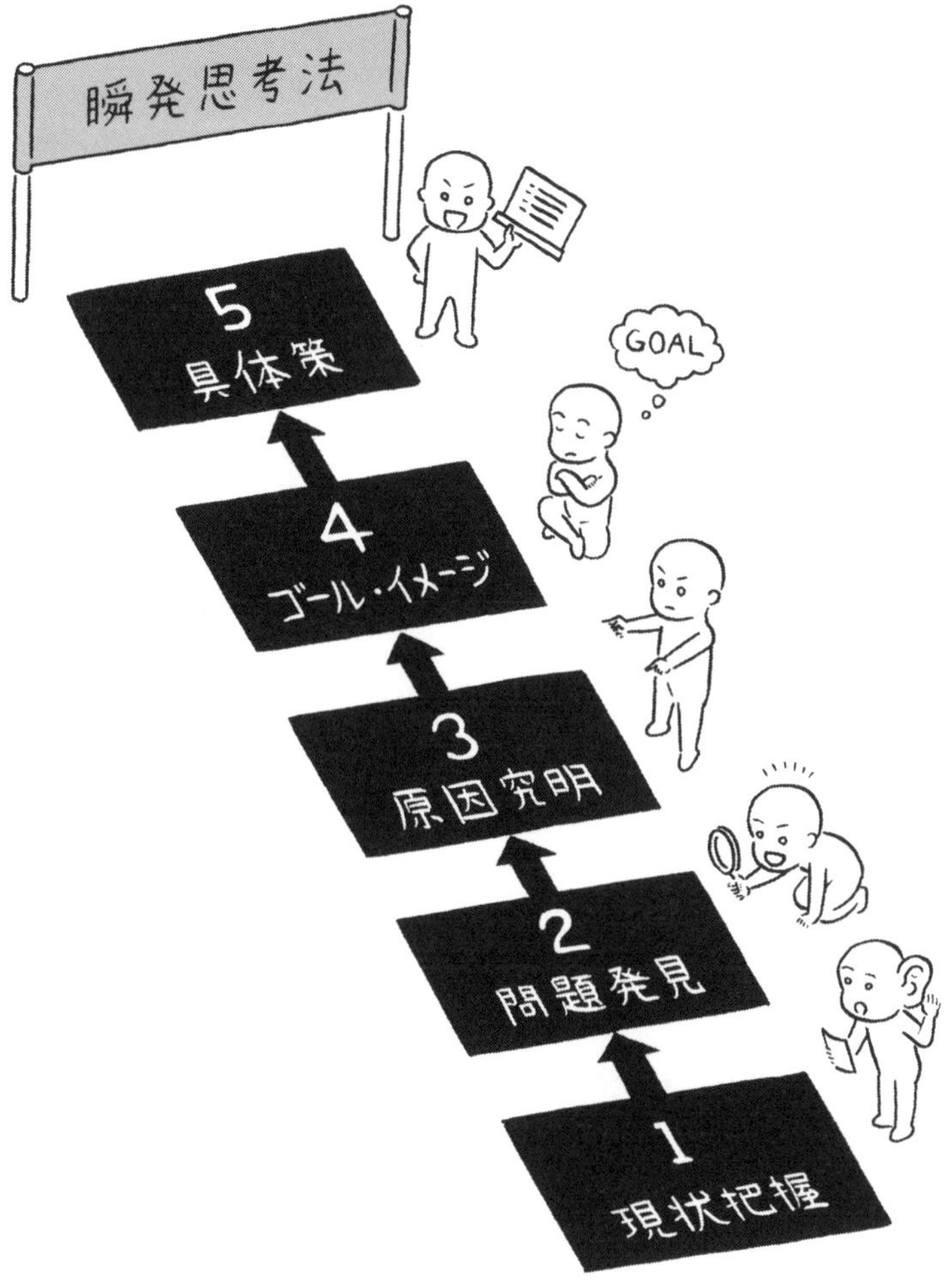

「仕事が遅い」「考えが浅い」人は、この誤りに気づいていない

これまでお伝えしてきているように、問題解決力を身につけることは、決して難しいことではありません。書面に書いたり整理したりする必要がなく、頭の中だけで、たった1つの瞬発思考法どおりの思考を繰り返すだけでいいからです。

しかも、このたった1つの思考法を何度も繰り返すだけで、自然とこの手順で思考するようになっていきます。

しかし一方で、ほとんどのビジネスパーソンは、この問題解決力を身につけられていません。

そう、**豊富な知識と経験を持っているエリートビジネスパーソンの方々も、そして様々な問題点を発見し改善していくプロであり、そのトレーニングを受けているはずのコンサルタントでさえも、本質的な問題解決力を習得できていない**のです。

それはなぜでしょうか。多くの問題が解決されることなく放置されてしまうのには、次のような5つの理由があると思います。

①問題解決の目的がずれてしまっている

これまでお話ししてきたように、「問題解決力」の本質は「思考力」です。しかし、多くの場合、思考力を磨くことよりも、問題を分析するフレームワークを活用することなどに重点が置かれます。

分析ツールとしてのフレームワークは様々あります。有名なところでは、たとえば、SWOT分析、3C分析、4P／4C、バリューチェーンなどです。

これらのフレームワークは、報告書や企画書を作成する際に、分析した結果を書面上で表わすものであり、分析（＝思考）の過程そのものではありません。「情報を加工せずに、そのままフレームワークの枠に入れるだけで、分析結果が出てくる」というような、マジックボックスのようなものではないのです。

しかし、多くの場面で「フレームワークこそが問題解決力である」と勘違いされてしまっています。

思考とは、知識ではなくスキルである

結果として「思考力」をつけるより先に、「書面上で情報を分析、整理するためのツール」の使い方のマスターを求められてしまうことになり、思考力そのものは身につかないのです。

さらに、様々なフレームワークを学んでも、数が多いため、各フレームワークの名称や内容を「知識」として暗記してしまいます。使いこなすところまで辿り着いていない人が多いのです。

本来フレームワークも「スキル」であり、「活用できるようになったかどうか」が問題解決力獲得の判断基準です。

どんなに暗記したところで、問題解決力というスキルは習得できません。

フレームワークは書面上の見せ方の技術

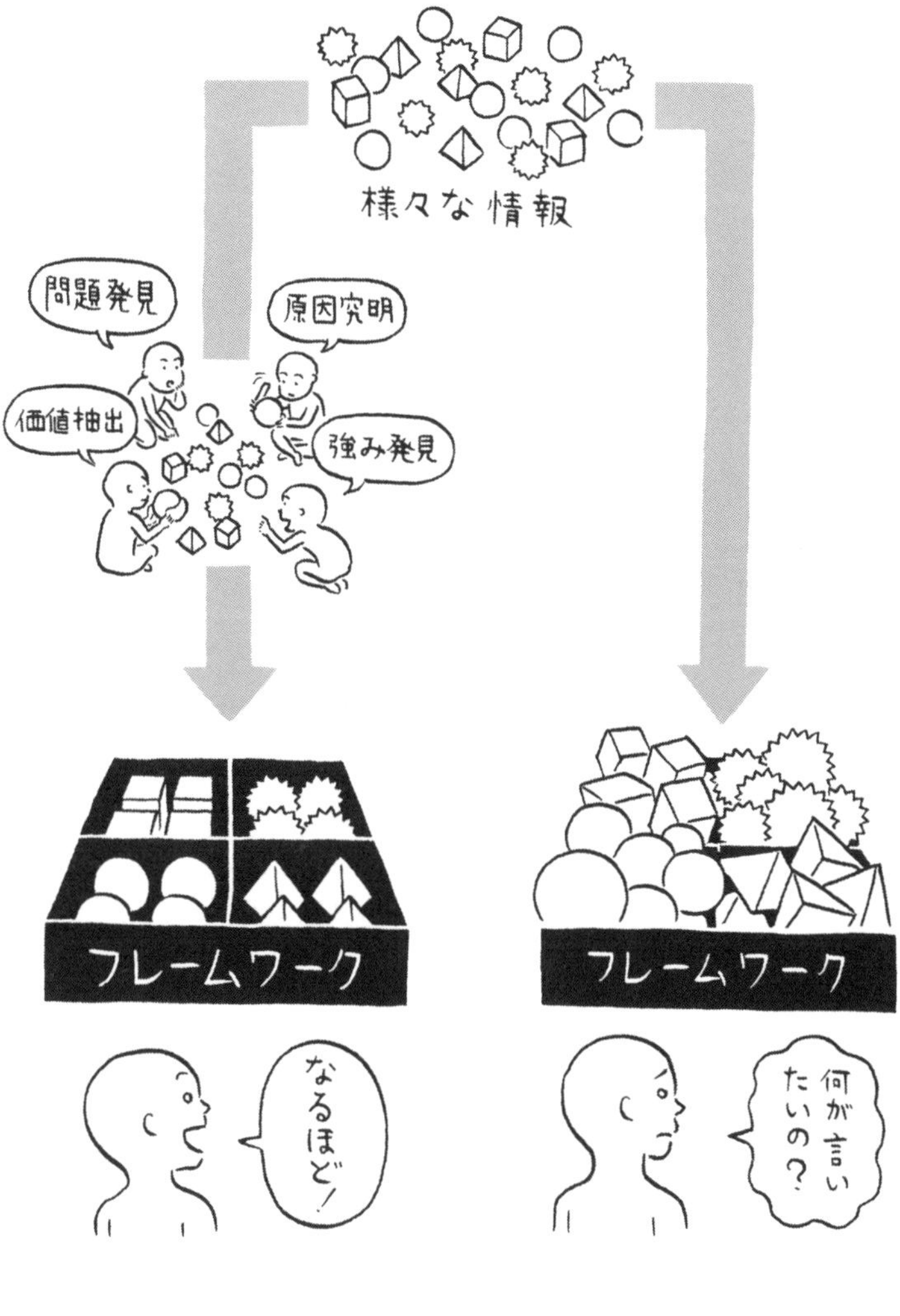

②現状把握をしないまま解決を焦る

44ページで、問題解決力習得には、「①現状把握→②問題発見→③原因究明→④ゴール・イメージ→⑤具体策」という手順（＝瞬発思考法）を繰り返せばいい、とお伝えしました。

これは、逆の言い方をすると、**この手順で思考しなければ、最適な解決策を導くことができない**とも言えます。

私は職業柄、様々な中小企業の幹部会議や、金融機関が集まる会議に出席することがあります。私が働いていた大企業でも、部課長クラスが出席する会議を何度も経験しました。また、私は中小企業診断士という資格を持っていますので、この資格を保有したコンサルタント同士で打ち合わせをすることもよくあります。

これらの会議の中で非常に多いのが、出席者が皆、「①現状把握」が不十分な中で議論をしている、というパターンです。**現状把握が不十分なまま結論を導き出す、ということが常態化してしまっている**のです。

1つ、具体例を示して説明します。会社の中で「社員のモチベーションが下がっている」という問題が発生しているとします。

瞬発思考法では、まずこの「モチベーション低下」という問題点の原因を掘り下げるところから始めます。モチベーション低下の要因は人それぞれ異なるからです。

仕事に飽きたのかもしれませんし、職場の人間関係が悪化したのかもしれません。もっと難易度の高い仕事にチャレンジしたいのかもしれません。その要因によって解決策が異なるため、要因がわからなければ対策は打てないのです。

しかし、多くのケースで、この要因の掘り下げは行なわずに、対応策を提案する例がまま見られます。たとえば、

「モチベーション向上のために、目標管理を導入しましょう」

などです。これは自身の持っている知識や経験からの提案であって、なぜモチ

ベーションが低下しているのか、その根本原因を見ようとしていません。

このように「現状把握が曖昧《あいまい》なまま解決策を導き出す」ということは、「モノ作りで、材料を切る、削るという加工をせずに組み立てる」ことと同じです。また、料理で「材料を切ったり混ぜたりせずに調理する」ことと同じなのです。

知識人、上層部ほど陥りがちな、「判断の落とし穴」とは？

とくにこの傾向が顕著なのが、**エリートと呼ばれる知識人や、企業の中では上層部の人たちの会議**です。

知識のある人は、知識の多さゆえ、自身が持っている知識の範疇《はんちゅう》だけで判断し、提案する傾向にあります。本来であれば、現状の情報から問題点とその原因を導き出し、そのうえで、自身の持っている知識を相手に最適な形に加工して解決策を導き出すのが問題解決の手順です。しかし、エリートたちは、自身の知識を引っ張り出してきて無理やり「当てはめ」、そのまま解決策にしてしまうのです。

「自分の知識」の中に答えはない

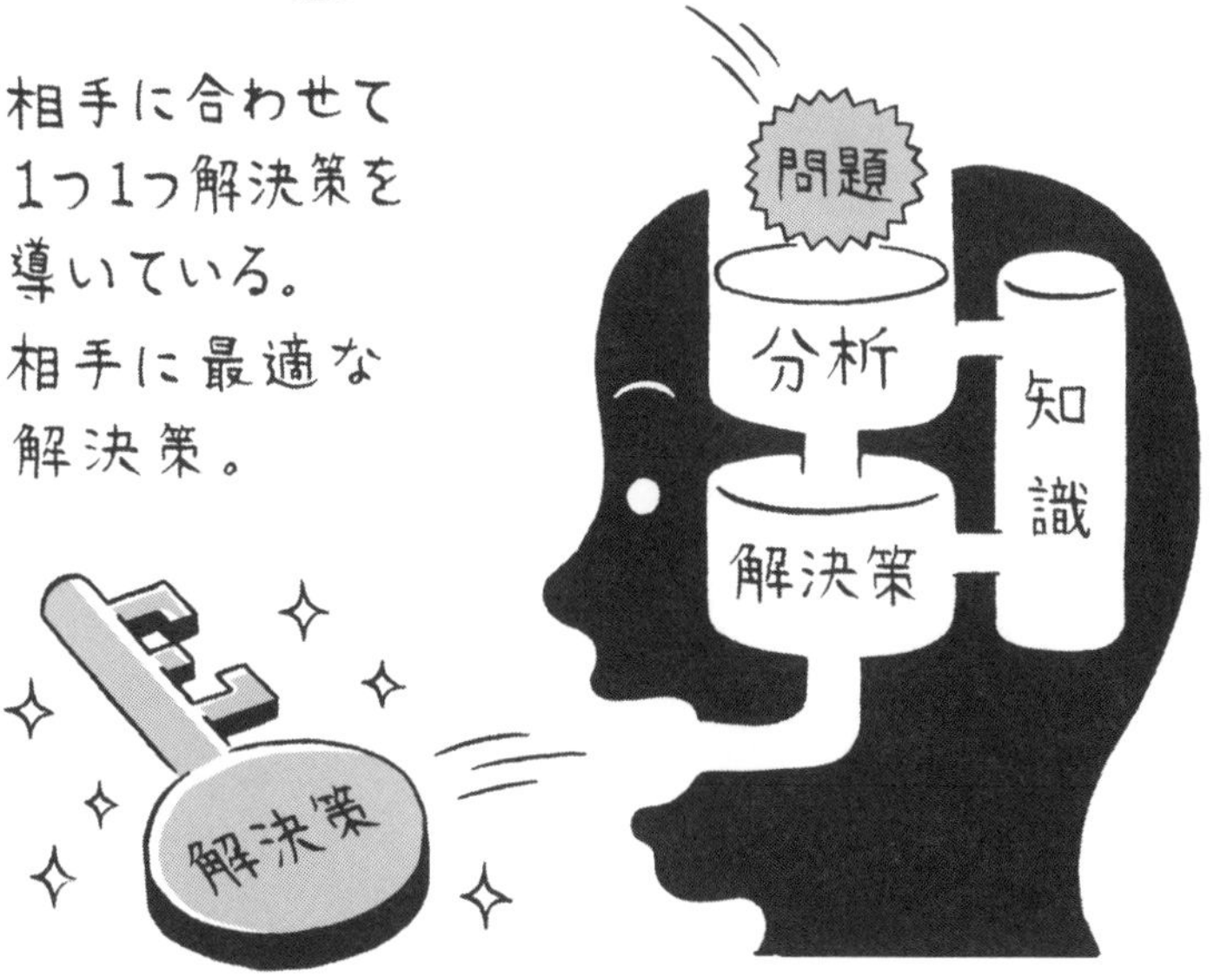

また大企業の場合、上層部の会議であればあるほど、現場の状況を知る人間が出席せず、現場から上がってきた資料のみが現状把握の材料になります。その書面の情報だけを材料にして議論が行なわれるわけです。

そのため、大企業の上層部の会議というのは、大きな決断がされる重要な場でありながら、現状把握が不十分なまま議論が繰り広げられていることも、実は多いのです。

このように、内容を吟味して相手に最適な提案を導き出すことをせずに自身の知識から回答を導き出す思考を、私は「評論家タイプ」の思考（１２０ページ）と呼んでいます。この考え方をしている限り、起こった問題が本質的に解決されることはありません。

③ 解決法が、ルールありき・上層部の意見そのままになりがち

大企業は基本的なルールや方針が明確です。そのため、提案され、採用される解決策は、「現場の問題を解決するための解決策」ではなく、「ルールや方針に沿った解決策」になる傾向があります。

物事には、原則があれば、必ず例外があります。

現場では、原則に従うだけでなく、その場その場で臨機応変な対応が求められますが、**組織の規模が大きくなるにつれて、ルール遵守が求められるため、一旦会議で議題に上がってしまうと、ルールどおりの結論しか出なくなる**傾向があるのです。

また、大企業は往々にして縦社会です。

そのため「組織の上層部からの指示を忠実に実行する人間が、高い評価を受ける」という悪しき慣習が根強く残っています。このため、**「現場の問題を解決する」ことよりも「上司の指示や方針どおりに実施する」ことが優先される**場合があるのです。これは上司依存の思考で「判断依存タイプ」の思考です。

また、複数の人が参加する会議では、様々な意見が出て、何が正しいのか自身で判断できなくなるといったことも起こりえます。

④過去の成功事例に固執して、同じ判断を繰り返す

人は過去の成功体験を忘れられず、つい**過去の成**

功のときと同じ判断をしてしまうことがあります。これは一般の社員だけでなく、成功した、大成した経営者にも当てはまることです。

過去と現在の内部環境、外部環境がまったく同じであればいいのですが、そんなことはほとんど絶対と言っていいほどありえません。

時が経つにつれ、業界全体が変化し、競合他社や顧客の状況も大きく変わっているでしょう。また、自社の状況もかつてとは違っているはずです。そのような状況では、過去と同じ判断が現在に通用するとは限りません。

このように抽象的な話にすれば、ほとんどの人に、「当たり前」と思っていただけるのですが、いざ具体的な事例となると、過去の成功に引っ張られ、解決法が偏ってしまうことになりがちなのです。

⑤ 他社の成功事例をそのまま模倣してしまう

目の前の問題がいつまでも解決できない理由の5つめは、書籍やネットで有名経

営者などの話を読んで、

「あの有名経営者がこういうことを言っている。彼が言っていることだから間違いない。うちでも同じことをしよう！」

とばかりに、短絡的に自社に当てはめてしまうようなケースです。

この内容が概念的であったり戦略レベルの話、たとえば、

「人生は志を持つことが大切」

「富裕層にターゲットを絞り込もう」

というようなことであればいいのですが、これが具体的な施策の場合、そのまま模倣してしまうと、判断を誤るケースが多くなります。


その有名経営者の会社と、自身の会社とは、状況は大きく異なります。商品、顧客の状況、競合他社の状況、企業規模や知名度、人材、経営状況、財務状況、社風など。むしろ**「まったく同じ」というポイントを見つけるほうが難しい**のではないでしょうか。

このように、会社の状況が個々でまったく異なっているのですから、詳細な施策

は、それらを踏まえた、自社の状況や外部環境に合わせて構築しなければなりません。それらを一切考慮せず、他社の施策をそのまま模倣しても、成功するとは限らないのです。

このように、問題に対して無事に解決できない理由を5つほどあげましたが、実は犯している過ちは、どの要因もまったく同じです。

それは何かというと、**「現状をベースにして判断していない」**ということです。

現状、何か課題があるからこその問題解決なのですから、すべての思考は現状から組み立てていかなければなりません。現状がなければ、修正・追加・削除等すべきことは何も見えてこないのです。

すべては正しい現状把握から、という基本は、ぜひ覚えておいてください。

なぜ「この方法」が最高で最速だと断言できるのか?

ところで、なぜこの「瞬発思考法」を習得することが、問題解決力をつけることに直結するのでしょうか。

それは、この**瞬発思考法が、ゴールである解決策に到達するためのもっとも効率的な思考の手順**だからです。たとえば、以下のようなケースで考えてみましょう。

例題

A氏は先日、財布をなくしました。喫茶店で財布を出したとき、そのままテーブルに置いてきてしまったのです。

以前にも、財布を置き忘れたことがありました。財布を置き忘れてしまう原因は、財布を使ったときに、つい近くに置いてしまい、そのまま放置してしまうからです。二度と忘れないようにするには、財布を手離さないようにすることですが、また無意識に置いてきてしまう可能性があります。

そこで対策として、外出中は、財布とズボンをストラップでつないでおくことにしました。そうすることで、常に体と財布がつながっているため、置き忘れることはありません。

その結果、それ以降は財布をなくすことはなくなりました。

これは、日常生活の中で「財布をなくした」という「問題発見」から、その原因が「財布を出したら近くに置いたまま忘れてしまう」という「原因究明」をした、という内容のものです。

この、「問題発見」→「原因究明」という流れは、日常生活か仕事かにかかわらず、あらゆる問題を解決していくうえで不可欠です。「瞬発思考」は、その流れをもっとも効率よくしたものに他ならないのです。

ところで、この一連の流れは「分析」と言い換えることもできます。この「分析」が熟達すると、今度はそれを活かして「強みの発見」につなげることができるようになります。

つまり、「問題解決の手順」は、様々な情報の中から「問題」だけでなく「強み」発見する、ということです（197ページ）。

実は、コンサルティングで事業調査報告書を作成する際も、顧客の膨大な情報を分析していきますが、ベースになるのは、「問題発見と原因究明」「強み発見」のたった2つだけです。この2項目を概《おおむ》ね50ページの報告書にまとめているだけなのです。

また私は、実際に企業の現場に入って、具体的な改善策・解決策を提示していく「実行支援」も行なっていますが、ここでもフレームワークは一切活用しません。

前述のように、フレームワークは思考の結果を図示して見せるためのツールであって、問題解決のために絶対に不可欠なものではないからです。

これまで、**多くの問題解決のメソッドでは、このフレームワークの使い方に重点が置かれすぎていた**ように思います。

本書では、その偏りを捨て、より問題解決の原点に戻って、問題そのものを正しく分析し、解決法を見出す手順を辿っていきます。

分析とは、情報を問題点と強みに分けていくこと

第2章

あらゆる「考える力」が一気に伸びる「瞬発思考」習得法

問題解決力の習得は簡単！「瞬発思考法」で思考を繰り返すだけ

本章では、瞬発思考の手法の使い方と、問題解決力の習得方法について見ていきます。

60ページの「財布の紛失」の事例のとおり、皆さんは簡単な問題解決であれば、無意識のうちに、瞬発思考法どおりに考えています。この瞬発思考法は、問題を解決するための思考の手順としてもっとも効率的ですから、これはごく自然なことと言えるでしょう。

ただ問題は「情報量が多くなって状況が複雑な場合」です。状況が複雑になった途端、ほとんどの方は瞬発思考からはずれた考え方をし始めます。そして多くの場合、「現状把握」すら正確に行なえずに「とにかく結論を導き出そう」として、間違った解決策に飛びついてしまうのです。

では、どうすれば正しい思考ができるのでしょうか。答えは簡単です。

それは、**問題が発生したときこそ、意識的に、「瞬発思考法」どおりに思考すればいい**のです。そして、それを日々繰り返せばいいのです。

問題解決力の習得方法

①問題が起きたとき、必ず意識して、この「瞬発思考法」どおりに思考する。
②何度も繰り返し「瞬発思考法」の手順を意識する。

この手順を繰り返すだけで、①現状把握　②問題発見　③原因究明　④ゴール・イメージ　⑤具体策　という各手順が、脳に「回路」として完成されるようなイメージになります。そうすると、何か問題が発生したとき、自然にこの手順が「思考回路」として頭の中で回るようになって、すばやく解決策が導き出せる。「頭の回転力」が格段に上がるのです。

なお、日常の中でよく、「頭の回転が速い、遅い」という言葉を使いますが、「頭の回転が速い」というのは、このように思考する手順が決まっていて、その手順どおり思考するからこそ、意味をなすものだと私は思っています。

もし思考の手順が決まっていなければ、回転するためのルートがないので、そのまま思考停止状態になってしまいますし、単に自分の知識を取り出すだけでは、脳の情報は「一方通行」であるため、頭の回転が速いとはいえません。**瞬発思考を身につけることは、すなわち「頭の回転を速くする」ことでもある**のです。

問題が発生したら、現状を把握して頭にその情報をインプットする。すると頭の中の回路がクルッと回転して、解決策が出てくる。これが、頭の回転のメカニズムです。

もちろん、解決策の精度を高め、より幅広い思考で解決策を構築するには、それなりの知識、つまり「実践スキル」が必要です（これについては96ページで説明します）。しかしその知識も、使いこなせる思考法が身についてこそ、役立つもの。

そこでまずは、思考のスピードや、考え出される解決策の質をアップさせるところから始めましょう。

「頭を回転させる」とは?

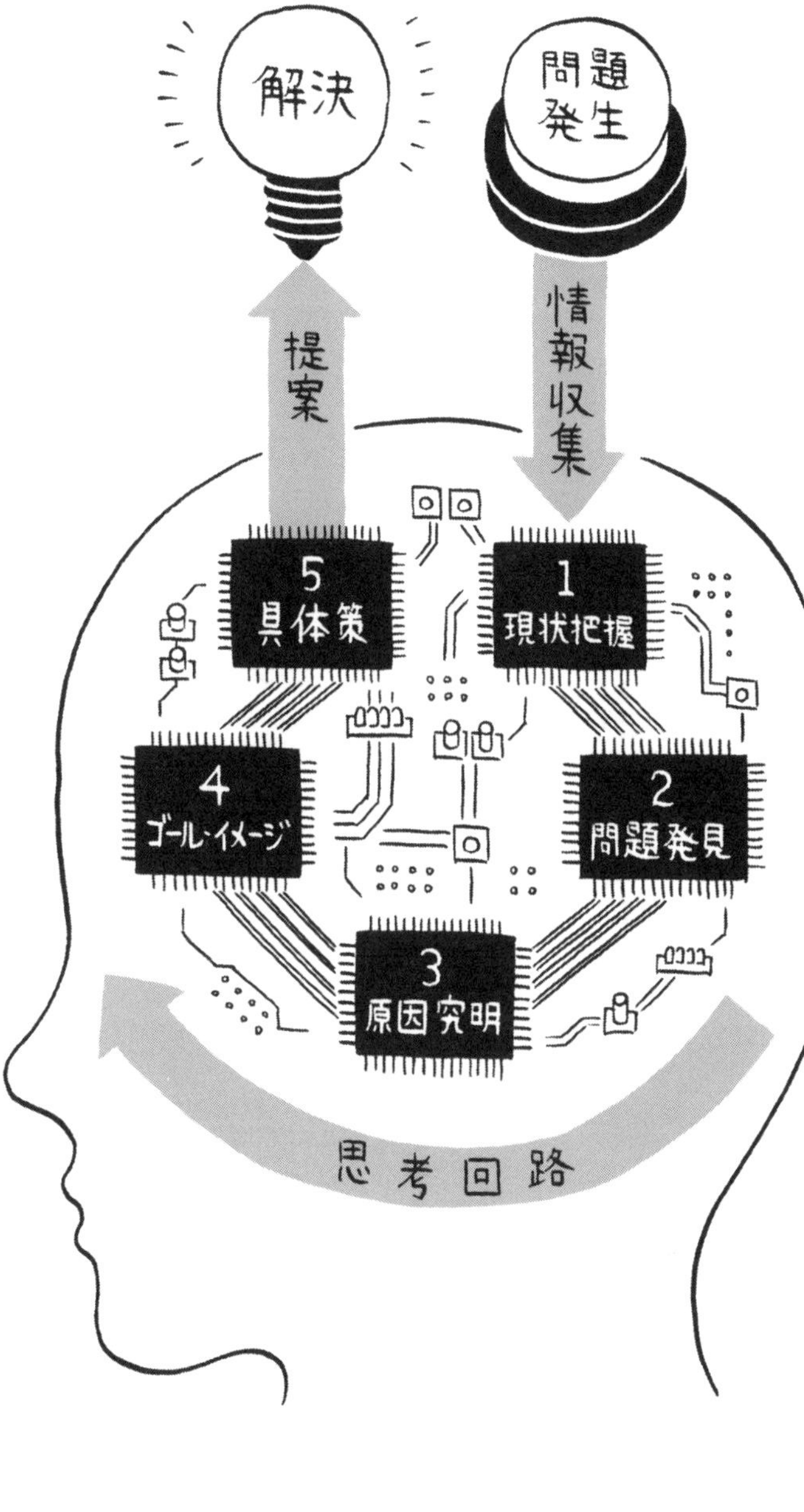

頭の回転速度が上がる実感を、あなたも！

でも、「瞬発思考を身につけるだけで、本当に問題解決力が習得できるの？」と思われるかもしれません。そこで、私がこの「瞬発思考法」で思考するようになって、「問題解決力」を身につけた経緯をお話しします。

私がこの「瞬発思考法」で思考するようになったのは、20代後半の頃でした。しかし、当時はまだ、「思考には手順がある」ことなど考えたこともありませんでしたし、「問題解決」という言葉も知らなかったかもしれません。

当時私は、大手電機メーカーで大型のコンピューターの営業をしていました。朝から晩まで、既存顧客の対応と新規開拓営業、そしてトラブル対応に明け暮れる毎日です。

私の場合、他の営業マンよりも多くの既存顧客を抱えていたので、その分トラブルの問い合わせも多くありました。日々の営業や事務処理だけでも手一杯な状況の中で、トラブルが容赦なく舞い込んでくるのです。

取り扱っているコンピューターは大型なので、重要な装置に組み込まれていることも多く、トラブルが発生すると待ったなしの状況になります。そのため、トラブルが発生したら、どんなに忙しくても、その対応が最優先業務になるのです。


トラブル対応は、技術部門に丸投げするという方法もありましたが、私は、自身のお客様のトラブルはすべて、自身で先頭に立って取りまとめていました。

トラブルの連絡が入れば、お客様から1つ1つ丁寧に情報を聞いて、聞き出した内容を紙に書き出す。書き留めたメモを整理して、情報が不十分であれば、再び電話をして情報を確認する。そんな方法でトラブルを解決しようとしていたわけです。

でもこのとき、ただ顧客の話を聞いているだけでは、正確な現状把握はできませんでした。お客様はこちらが必要な情報すべてを、正確に伝えてはくれないからです。

ただ聞くだけでなく、こちらから色々と質問をしてヒアリングをし、徹底して正確な情報を収集することに注力する必要がありました。そのうえで、問題はどこにあるのか、その原因は何なのか、そしてその解決策を探っていきました。

これが、本書で「瞬発思考法」として紹介する思考法のはじまりです。

このトラブルへの対応方法は、極めて実践的な問題解決のトレーニングでした。結果的に、メモを取らずに頭の中だけで解決策を導き出せるようになっていきました。そして、顧客からのトラブル対応以外の業務にも応用していけるようになり、他部署で起こったトラブルの相談を受けたり、会議や打ち合わせでの議論に活用して的確な提案を行なったりすることができるようになったのです。

実感として、**思考の質とスピードが飛躍的に向上し、どんな問題が起こっても解決していける**というのは、とても**楽しい**ものでした。

本書では、このように時間をかけて体系化した瞬発思考のエッセンスをまとめてご紹介します。ぜひ今日から実践し、様々なトラブルを次々に解決していける快感を体験してみてください。

ステップ①
「現状把握」

それでは、瞬発思考法の1つめの手順である「現状把握」から始めましょう。

「現状把握」とは、文字どおり、「現状を正確に把握する」ということです。

そう、何よりも、**「事実」を「どれだけ正確に」**、かつ**「どれだけ漏れなく」把握できるか**ということがポイントになります。

ありがちなのが、この「現状把握」に、「考え」「思い」「感想」「期待」「想像」などが入ってしまうケースです。

トラブルについて当事者から話を聞いていくと、必ずと言っていいほど、これらの「事実以外の事柄」が入ってきます。

あるいは、自分自身に起こった問題について見ていても、無意識のうちに「考え」「思い」「感想」「期待」「想像」を入れてしまっていることがままあります。

トラブルの中から、どうやって事実だけを抽出するかが、カギといえるでしょう。

また、「漏れなく」話を聞く、というのも、意外に難しいものです。問題が大きくなればなるほど、私たちは問題のほんの一部分を聞いた時点で満足して、現状把握が終わったと勘違いしてしまいます。それだけですべてを理解したつもりになって、その情報から解決策を導き出そうとするのです。

すると当然、解決策の質は下がりますし、偏りも生じます。最悪の場合、結論を出したあとに新たな情報が出てきて誤りが判明する、ということさえ起こりうるのです。

では、「事実だけを漏れなく」把握するには、どうしたらいいのでしょうか。

現状把握の3レベル

事実だけを漏れなく把握するにはまず、現状把握を段階に分けて考える必要があります。段階に分けて考えたうえで、レベル3に到達するまで、情報を収集するのです。

【レベル1】表面的理解

まず一番浅い現状把握のレベルが「表面的理解」です。言葉やフレーズからごく一部を捉えるなど、話の中身や全体像に対する理解度が低い状態です。

これはほぼ思考停止の状態ですが、他に気になることがあったり、急ぎの案件を抱えていたりすると、この状態での理解にとどまってしまうことも少なくありません。

【レベル2】部分的理解

理解がもう少し深くなると、「部分的理解」という段階に達します。

個々の情報の中身については理解できるのですが、部分的に理解不能な内容が発生しているため、議論の全体像の理解が不十分で、核心まで捉えられていません。

そのため、情報同士の関連や位置づけが不明なままで、内容の優先度の判断や、ポイントがどこなのかを把握できていません。

トラブルを抱えた本人から話の聞き取りをしていても、たいていはこのレベルまでの情報しか出てきません。そのため、多くの人はこの状態で現状把握に満足して、結論を出そうとしてしまいます。

しかし全体像の把握には至っていないので、間違った結論を出してしまうこともしばしばあります。

【レベル3】全体的理解

現状把握で目指すのは、この「全体的理解」です。

本人からの話の聞き取りに加え、必要な情報をヒアリングすることでこのレベルに達することができます。

「全体的理解」とは、個々の情報だけでなく、それを整理した情報の全体像を理解している状態です。**頭の中で情報が整理されている状態なので、理解度は高く、不合理な内容や、抜け・漏れなどに気付き、指摘することができます。**

ここでは、現状把握には3つの深さがあり、問題解決のためにはレベル3まで到

理解の深さ3段階

達することが必須、ということを押さえていただければ十分です（レベル2からレベル3に到達するためのポイント――「どうやって相手から情報を引き出すか」というヒアリングの技術については、第4章で詳しくお話しします）。

さて、60ページの「財布の紛失」の事例では、必要な情報が少ない分、情報収集をしなくても現状をすばやく把握できました。その結果、的確な解決策に辿り着けたわけです。

あらゆるトラブルに対応する際に目指すべきは、まさにこのレベルでの「現状把握」です。

問題が複雑で高度になればなるほど、高い質の現状把握が求められることになるのです。

理解とは、情報の空白を埋めていく作業

ステップ②
「問題発見」

瞬発思考法の2つめのステップは、「問題発見」です。このステップでは、現状の中で、どこに問題があるのかを発見します。

ステップ②以降の解説は、1つの事例——ある会社で営業事務として働く新人社員Bさんの事例を見ながら進めていきます。

Bさんは、自分の仕事が遅いことに問題意識を持ち、それを改善するために「瞬発思考」を取り入れることにしました。

Bさんの思考を一緒に辿りながら、瞬発思考の考え方を身につけていきましょう。

例題

Bさんはある会社の新入社員で、営業事務を担当しています。

おもな仕事は、FAXかメールで届く注文に対して、こちらからお客様に電話をして、注文の詳細を確認し、発注手続きを行なうことです。

営業事務はBさんを入れて3人で、Bさん以外の2人はベテラン社員です。

そして、そのベテラン社員と比べてBさんの仕事のスピードはとても遅く、B

さんが1日で処理する注文の数は、ベテラン社員の半分程度です。

（……以下、続く）

ステップ①の「現状把握」でこのような情報を引き出せたとしましょう。そこから、何が問題なのかを発見していきます。

この場合、Bさんが抱える問題は、「仕事のスピードが遅い」ということです。さらに詳細に見ると、「Bさんの仕事は、他のベテラン社員2名よりも半分ほどのスピード」ということになります。

これが、2つめのステップ「問題発見」です。的確に現状把握ができていれば、この「問題発見」のステップは非常にシンプルですね。

ステップ③「原因究明」

次に、「原因究明」をしていきます。

このステップ③では、ステップ②で発見した問題について、その原因が何かを探っていくわけです。この方法として、前ステップの問題点に対して「なぜ？」と問うことで、問題点の原因を掘り下げることができます。

それでは、Bさんの事例の続きを追いかけながら、「なぜ？」と掘り下げていきましょう。

掘り下げることで、真の原因が見えてくる

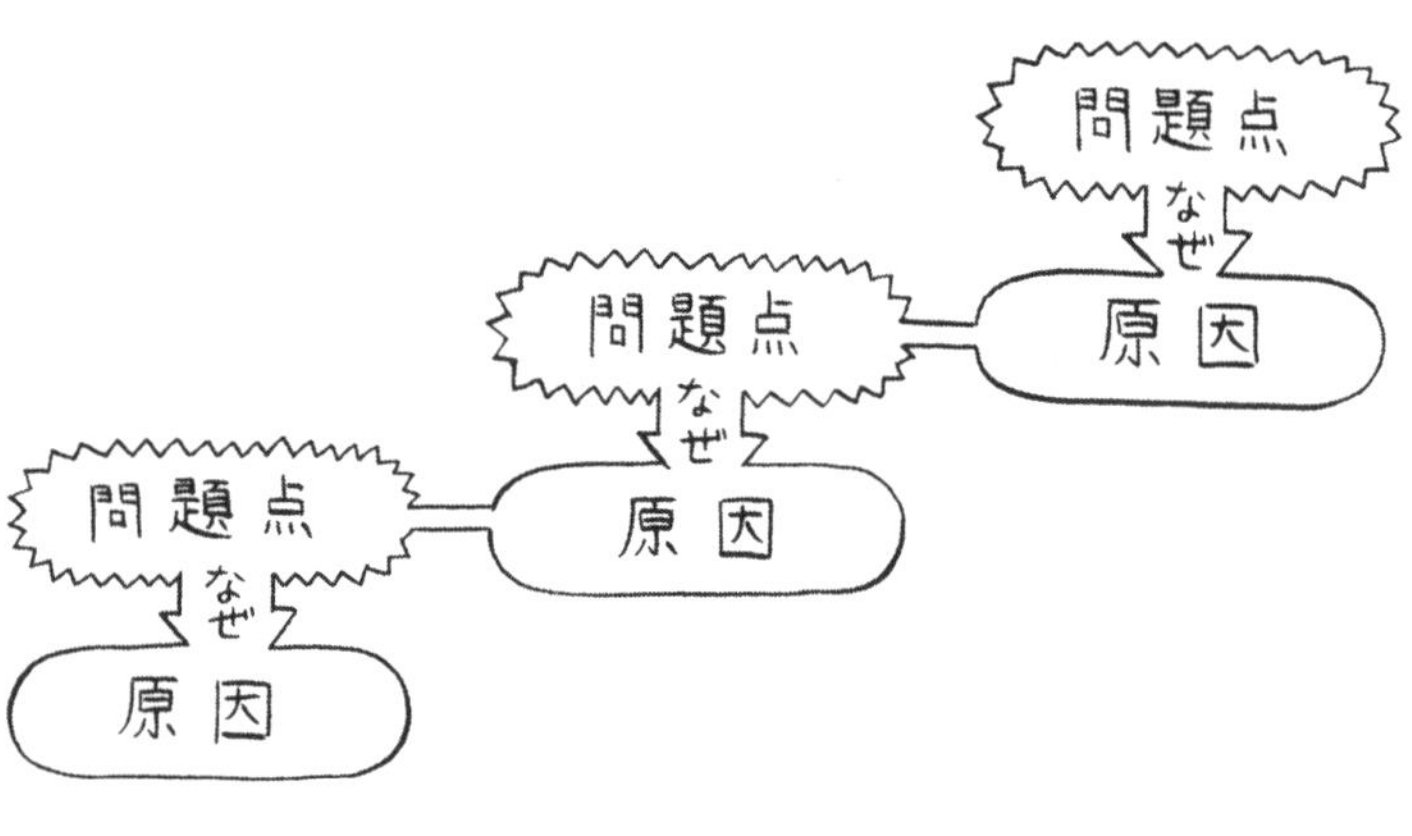

前述

Ｂさんはある会社の新入社員で、営業事務を担当しています。

おもな仕事は、ＦＡＸかメールで届く注文に対して、こちらからお客様に電話をして、注文の詳細を確認し、発注手続きを行なうことです。

営業事務はＢさんを入れて３人で、Ｂさん以外の２人はベテラン社員です。

そして、そのベテラン社員と比べてＢさんの仕事のスピードはとても遅く、Ｂさんが１日で処理する注文の数は、ベテラン社員の半分程度です。

追加

そこでＢさんは、仕事のスピード向上を図ることにして、なぜ自分だけスピードが遅いのかを探りました。

発注手続きの事務作業として、社内伝票に注文内容を書き込む作業がありますが、この作業のスピードは、他の２人の社員とほとんど変わりません。また、とくにＢさんがダラダラ仕事をしているわけでもなく、おしゃべりをしているわけでもありません。席を空けることもありません。

Ｂさんが他の２人と比べて圧倒的に遅いのは、電話の対応でした。

他の２人は長年働いているので、１００社以上あるお客様の電話番号と担当

者名をほとんどすべて暗記していたのです。しかしBさんは、お客様の電話番号と、担当者を確認するのに、いちいち調べていたので、電話をかけるまでに膨大な時間がかかっていたのです。

（……以下、続く）

このステップでＢさんは、「仕事のスピードが遅く、処理速度はベテラン社員の半分」という問題点の原因を究明しています。

自身の仕事を振り返った結果、Ｂさんの仕事のスピードが遅い原因は、「１００社以上ある顧客の電話番号と担当者名の確認作業に時間を要していた」ということがわかりました。

このように、問題点の原因を究明することが、ステップ③の「原因究明」です。

Ｂさんのケースでは、問題の原因は比較的簡単に見つけ出すことができました。しかし、日々の業務で起こる複雑な問題の場合、その原因を究明するために、複数回掘り下げる必要が出てくる場合もあります。

たとえば、ある企業で「ある営業マンの営業成績が悪化した」という問題が発生したとします。

この問題から、「営業マンのモチベーション低下」という原因を発見したとしても、そこですぐに「営業教育でモチベーションを上げよう」「目標管理制度を導入しよう」などの〝改善策〟に飛びついてはいけません。

なぜなら、**「なぜ社員のモチベーションが低下したのか」という要因を突き止めなければ、営業成績が悪化した真の原因は判明しない**からです。

そこで、なぜその社員のモチベーションが低下したのか、さらに掘り下げたところ、新たに赴任した営業課長が、自身の仕事をすべて部下に丸投げしているので、その営業マンの事務作業が膨大になっていたことがわかりました。

その結果、営業マンは、外出などが一切できなくなり、モチベーションも下がり、前年度まで実施していた新規開拓営業をまったくやれなくなって、営業成績が悪化してしまったのです。

これが、営業成績悪化の真の要因であり、ここまで「なぜ?」を深めてはじめて、営業課長の仕事の取り組み方の改善こそがこの問題の改善策であることがわかるのです。

問題点や原因は、具体的になるまで掘り下げる

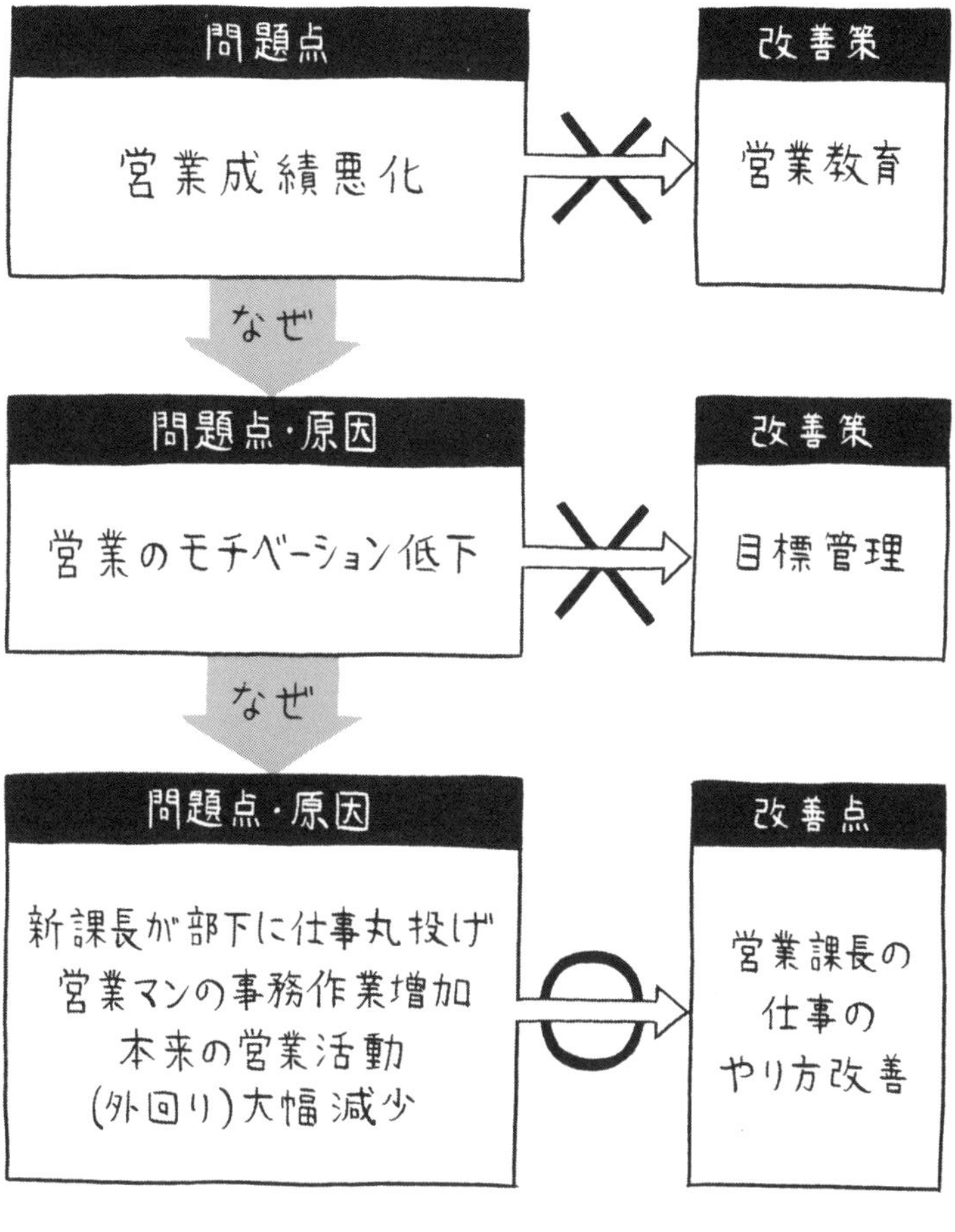

意外と軽視されがちな「問題解決のカギ」

原因究明の際の注意点は、前記のように、「原因の掘り下げが不十分な中で改善策を検討してしまうと、誤った施策になる」ということです。

これは、87ページの図を見ていただくとわかりやすいでしょう。

問題点の「営業成績悪化」、原因①の「営業のモチベーション低下」、原因②の「新課長による営業マンの業務増大」と、起こっている問題を深く見ていっただけなのに、それぞれから導き出される改善策は、すべて異なっています。

そして前記の中で、現場で起きている問題が実際に改善する策は、原因②で導き出した「営業課長の仕事のやり方改善」しかないのです。

言い換えれば、問題点を見ている段階、あるいは原因①だけを見ている段階で導き出した改善策では、「ある営業マンの営業成績が悪化した」という問題は改善しない、ということです。

このように、**真の原因を導き出すことが、問題解決のためには何より重要**です。

「何回掘り下げれば、根本原因に辿り着く？」

このようにお話しをすると、

「掘り下げは、何回くらいやれば、根本原因に辿り着けますか？」

という質問を受けることがあります。たしかに、「問題解決力」をテーマとした書籍などでは、「『なぜ？』は5回繰り返せ」など、掘り下げる回数が指定されていたりしますね。

しかし、残念ながら、本当に今ある問題を解決したい場合には、その掘り下げ回数を決めることはできません。あくまで、「真の原因に到達した時点」が掘り下げの終着点です。

それでは、十分掘り下げられたことを見分けるポイントは？　それは、**「掘り下**

げた原因に、直接メスを入れられるかどうか」ということです。

医者が手術をする場合、病気の真の原因となる箇所をピンポイントで特定して、そこにメスを入れます。手術する箇所が特定できていない段階でメスを入れることは決してありません。

問題解決においても、これは同じです。掘り下げていっても、まだ**それ以外にも要因が考えられるのであれば、原因を特定できていない**ということ。その段階で改善策を打ち出しても効果はほとんど期待できません。**ピンポイントで原因を特定して、そこに直接メスを入れるから改善できる**のです。

実際の例で考えてみましょう。

先ほどの「ある営業マンの営業成績が悪化した」という場合、この段階では様々な原因が考えられます。

・その営業マンの担当地域が変わって、要領がつかめていない
・営業以外の業務の割り振りが増え、かける時間が減った
・モチベーションが低下している

・体調が悪く、仕事に集中できていない
・家庭に何かトラブルが起こっている
……など。会社の問題、プライベートの問題含め、可能性のある原因は数え切れないほどあがります。ですから、「ある営業マンの営業成績が悪化した」という問題に対しては、まだ改善策を出すことはできない、ということになります。

そこで1回掘り下げたところ、「営業マンのモチベーション低下」という問題点が見えてきました。しかし、この段階でもまだ、その原因は様々です。

・将来を見通せずに悩んでいる
・上司から評価されず、やる気をなくした
・仕事以外に、生きがいを見つけた
・職場の人間関係がうまくいっていない
・報酬に不満がある
・体調不良
……など。ここでもまだ、要因として様々なことが考えられ、ピンポイントでメスを入れることはできません。そのため、ここで「目標管理」という改善策を導入したとしても、モチベーションが向上するかどうかはまだわかりません。

その営業マンのモチベーション低下の原因が「将来が見通せず不安になっている」のであれば、「目標管理」というのは的を射た改善策になります。しかし、「人間関係」「報酬に不満」、あるいは「体調不良」などが原因であれば、目標管理を導入したところで、効果は期待できません。

ですから、掘り下げはこれでも不十分。

そこでさらに掘り下げたところ、

「新たに赴任した営業課長が、仕事をすべて部下に丸投げしているので、その営業マンの事務作業が膨大になっている」

という問題点が明確になりました。


この問題点が明らかになると、どうでしょうか。

その営業マンのモチベーションを上げるには、「新営業課長の、仕事の丸投げをやめさせる」というアクションが見えてきます。これさえ解決できれば、営業マンの負担は軽減し、不満の原因が除去され、モチベーションが改善、さらに営業成績も戻るだろう、と想定できます。

このように、問題点を発見して、その原因を究明するためには「ピンポイントでメスが入れられるか」がカギとなるわけです。

問題が複雑に絡み合っている場合は、もしかしたら、10回近く掘り下げる必要があるかもしれませんし、反対に、1回掘り下げればすぐにメスを入れられるような問題も多くあります。

一緒くたに「何回掘り下げる」と決め打ちするのではなく、**必要な回数だけ掘り下げる**ことが何より大切です。

ステップ④「ゴール・イメージ」

続いて、ステップ④の「ゴール・イメージ」です。

このゴール・イメージとは何かというと、「改善後の状態を頭に描く」ということです。つまり「想像力」を用いて、**この問題解決がなされたあとの望ましいイメージを描く**、ということです。

ゴール・イメージを描写する、というのは、1つ前のステップ③「原因究明」で、「ピンポイントでメスが入れられる原因まで掘り下げる」ことができていれば、自然と頭にその改善後の状態を描くことができます。

たとえば、60ページの「財布の紛失」の事例では、A氏は財布を置き忘れないように、財布とズボンをストラップでつなげる、という改善策を導き出すことができました。

これは、「財布を使ったときに無意識に近くに財布を置いてしまう」というピンポイントの原因まで掘り下げられたから、「財布は常に体から離れないようにする（→財布とズボンをストラップでつなげる）」という改善後のイメージがしっかり描けたわけです。

また、85ページの「営業成績悪化」の事例では、「新課長が部下に仕事を丸投げし、営業マンの事務作業が膨大となって外回りができない」というところまで掘り下げられていれば、「営業課長の仕事のやり方を改善する」という改善イメージを頭に描くことが可能になります。

繰り返しになりますが、その問題さえ解決できれば、営業マンの負担は軽減し、営業マンの不満の原因が除去され、モチベーションが改善、さらに営業成績も戻るだろう、と想定できるわけです。

このように、**ゴール・イメージは多くの場合、原因究明とセットで見えてくる**ものです。それでもあえてここで独立した項目としてあげたのは、的確な解決策を導き出すためには、改善後の姿をしっかりと描いておくことが必須だからです。

ゴールが描けているからこそ、その改善策の実行によって問題が解決されるかどうか（＝ゴールに到達するかどうか）を判断できます。

反対に、ゴールが描けていない中で改善策を構築しても、思いつきの提案になったり、まったく関係のない問題に発展してしまったりすることになります。

そうなると、改善策の成功率は大いに下がり、ギャンブル性が高まります。そして、成功するかどうかは実行者本人次第、というような、無責任な提案になってしまいます。

ゴールが描けていない限り、改善策を提案してはいけないのです。

ゴール・イメージを明確に持つためのポイントは？

このゴール・イメージを描く上で大事な「想像力」ですが、これは、あらゆる仕事をする上で重要です。それは、ベテラン社員と新人社員の仕事のやり方を見比べてみるとよくわかります。

同じくらいの能力の持ち主であっても、ベテラン社員はスムーズに仕事を進められることが多く、新人社員はもたもたとすることが多いと思います。

ここで両者の差となっているのは「実践スキル」、つまり**「経験」と「ノウハウ」**です。この2つの要素は、ゴールに向かって正しく仕事をするための、仕事を

ゴールのイメージが判断材料

進めていくための青写真となります。そう、経験とノウハウによって、ベテラン社員は常に未来を想像しながら仕事を進めることができているわけです。

一方で、新入社員の仕事の仕方はゴールが描けておらず、目の前の作業をどうするか、ということしかわかっていません。どの方向に向けて仕事をすればいいのかがわからないどころか、その次の作業さえも見えていません。だから、新入社員は、様々なムダな動きや作業をしてしまうのです。

このように、仕事において、社員が業務のゴールをしっかり描くことは、とても大切です。

そして、この想像力の有無が、仕事ができるかできないかの大きな要因の1つにもなっています。

ベテラン社員に限らず、**仕事のできる人は、常に頭にゴールを描いて仕事をしています。**ゴールを描けるから、物事を正確に判断でき、即断即決で決断できます。また、ゴールを描いているから、何が重要で何が重要でないかを区別し、優先度に差を付けて取り組むことができるのです。

ベテラン社員と新入社員の一番の差は?

最短距離で高品質な仕事を行なうためには、ゴールをイメージしておくことが不可欠なのです。

日頃からゴールをイメージして仕事をしていれば、想像力は、経験とともに豊かになっていくでしょう。

こうすれば、クリエイティブで「あなたならでは」の仕事ができる

さらに、**「想像力」の発展型が「創造力」**です。「創造力」とは、「想像力」の改善レベルではなく、世の中に存在しないもの、誰も想像もしないようなものを描く力です。

世の中に存在しない、革新的な商品やサービスを開発する人や会社は、この「想像力」を超えた「創造力」を持ち合わせています。

彼らは、その革新的な商品・サービスを頭の中に詳細に描き、新たな未来を構築していきます。そして、その未来像を詳細に描いているからこそ、妥協せず、徹底してこだわるのです。

我々一般の人は、優れた経営者や開発者に対して「なぜそこまでこだわるのか」と疑問に思うことがあるかもしれません。また、「そんなことできるわけがない」と決めつけてしまうこともあります。

でも、それは私たちの基準で判断してはいけません。**ゴールが描けている人と描けていない人の違いが現われているだけ**なのですから……。

「仕事の遅いBさん」の悩みもこれで解決！

それでは、事例の続きで、ステップ④のゴール・イメージを見ていきます。

前述

Bさんはある会社の新入社員で、営業事務を担当しています。

おもな仕事は、FAXかメールで届く注文に対して、こちらからお客様に電話をして、注文の詳細を確認し、発注手続きを行なうことです。

営業事務はBさんを入れて3人で、Bさん以外の2人はベテラン社員です。

そして、そのベテラン社員と比べてBさんの仕事のスピードはとても遅く、Bさんが1日で処理する注文の数は、ベテラン社員の半分程度です。

そこでBさんは、仕事のスピード向上を図ることにして、なぜ自分だけスピードが遅いのかを探りました。

発注手続きの事務作業として、社内伝票に注文内容を書き込む作業がありますが、この作業のスピードは、他の2人の社員とほとんど変わりません。また、とくにBさんがダラダラ仕事をしているわけでもなく、おしゃべりをしているわけでもありません。席を空けることもありません。

Bさんが他の2人と比べて圧倒的に遅いのは、電話の対応でした。

他の2人は長年働いているので、100社以上あるお客様の電話番号と担当者名をほとんどすべて暗記していたのです。しかしBさんは、お客様の電話番号と、担当者を確認するのに、いちいち調べていたので、電話をかけるまでに膨大な時間がかかっていたのです。

追加

Bさんは、暗記が苦手なので、電話番号をすべて記憶することはとてもできません。しかし、暗記しなくても、電話するときにすぐに、そのお客様の電話番号と担当者名がわかる一覧表のようなものがあれば、それを見て電話をかけられます。

（……以下、続く）

この例では、Bさんは、ベテラン社員のように、自身が「すべての顧客の電話番号と担当者名を暗記する」というゴール・イメージは描けませんでした。その代わりに、顧客名簿のような、すぐに顧客の電話番号と担当者名がわかる一覧表があれば、いちいち電話番号や担当者名を探す時間と手間が省け、スピードが向上する、という改善イメージを描きました。

これが、この例におけるゴール・イメージです。

このように、ゴール・イメージを描く際には、

「何が何でも暗記する」

などの無理はしないほうがいいでしょう。覚えること自体はBさんの業務ではないからです。

Bさんの問題は、あくまでも「仕事が遅い」こと。「すべての顧客の電話番号と担当者名を覚えていない」ことではありません。

ステップ⑤「具体策」

最後のステップは、ステップ⑤の「具体策」です。この具体策は、前のステップの「ゴール・イメージ」を実現するための施策です。

引き続き事例を見ていきましょう。

前述

Bさんはある会社の新入社員で、営業事務を担当しています。おもな仕事は、FAXかメールで届く注文に対して、こちらからお客様に電話をして、注文の詳細を確認し、発注手続きを行なうことです。

営業事務はBさんを入れて3人で、Bさん以外の2人はベテラン社員です。そして、そのベテラン社員と比べてBさんの仕事のスピードはとても遅く、Bさんが1日で処理する注文の数は、ベテラン社員の半分程度です。

そこでBさんは、仕事のスピード向上を図ることにして、なぜ自分だけスピードが遅いのかを探りました。

発注手続きの事務作業として、社内伝票に注文内容を書き込む作業がありますが、この作業のスピードは、他の2人の社員とほとんど変わりません。また、とくにBさんがダラダラ仕事をしているわけでもなく、おしゃべりをしているわけでもありません。席を空けることもありません。

Bさんが他の2人と比べて圧倒的に遅いのは、電話の対応でした。

他の2人は長年働いているので、100社以上あるお客様の電話番号と担当者名をほとんどすべて暗記していたのです。しかしBさんは、お客様の電話番号と、担当者を確認するのに、いちいち調べていたので、電話をかけるまでに膨大な時間がかかっていたのです。

Bさんは、暗記が苦手なので、電話番号をすべて記憶することはとてもできません。しかし、暗記しなくても、電話するときにすぐに、そのお客様の電話番号と担当者名がわかる一覧表のようなものがあれば、それを見て電話をかけられます。

追加

そこで、お客様の電話番号と担当者名の一覧表を作成しました。

一覧表は、とくに注文の多い10社を頭にして、それ以外の会社は五十音順で並べて、一覧からすぐに対象の顧客を見つけられるように工夫しました。

それ以降、Bさんは、その一覧表を見て、すぐにお客様に電話ができるようになり、他の2人のベテラン社員と同じスピードで仕事ができるようになりました。

Bさんは、しっかりとゴール・イメージを描き、具体的な改善策を構築しました。このように、瞬発思考法の手順どおり、1つ1つ丁寧に行なっていくと、スピーディかつ確実に、問題は解決できるのです。

シンプルに「ただ繰り返す」から、誰でも思考力が劇的に伸びる

ここまでで、一連の「瞬発思考」の説明はおしまいです。ただし、この知識を本で読んだからといって、今すぐにあなたの問題解決力が高まるか、というと、残念ながらそうはいえません。

前述のように、**問題解決はスキル。身につけることが非常に重要**なのです。

そこで本書では、そのスキルを少しでも身につけられるように第3章に練習問題をつけました。ぜひ、取り組みながらあなたのスキルを磨いてください。

最初は慣れない思考法に苦労するかもしれませんが、一度身につけることができれば、仕事で経験を重ねるごとに、より的確な解決策を見いだせるようになっていきます。それは、問題に対する具体的な解決策が、経験に比例して豊かになっていくからです。

新人の頃は1パターンしか描けなかったゴール・イメージが、経験を重ねていくにつれて、いくつものパターンを思い描けるようになる、というのは当たり前です。

こうして、思考のレベルは上がっていく

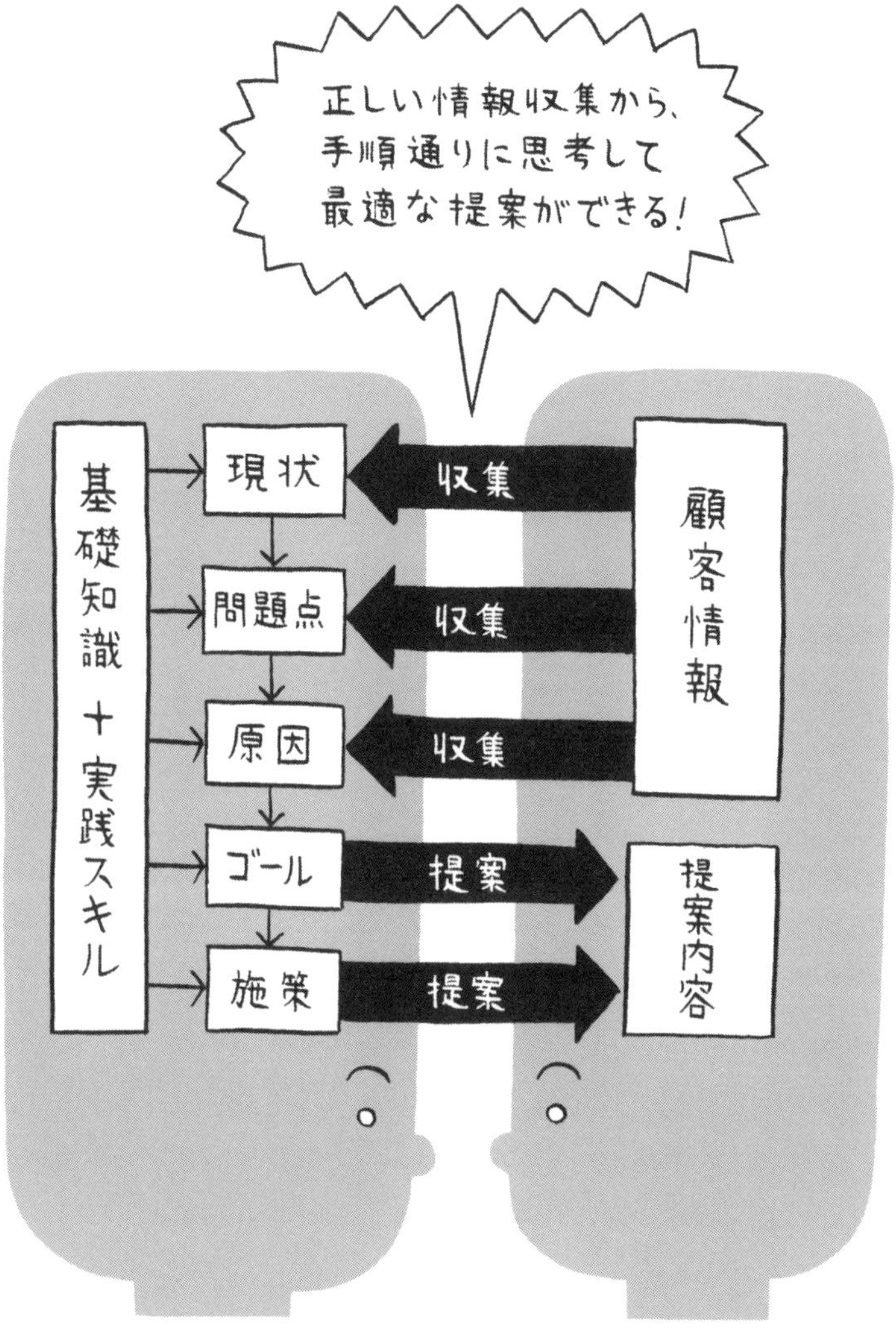

さらに、様々な問題解決の経験をすることで、具体策の幅も、選択できる手法も広がっていきます。

そう、**瞬発思考は使えば使うほど提案の質が向上していく**のです。言い換えれば、**問題解決力がどんどん上がっていく**ということです。

実際の経験だけでなく、様々なビジネス書やテレビ番組からもゴール・イメージは増やすことができます。

ぜひ、仕事の時間以外のインプットも、心がけてみてください。

COLUMN

長い年月でしみついた「思考のクセ」にご用心

瞬発思考法を身につけることは、決して難しいことではありません。

しかし、人によっては、「そんな考え方は無理」と思う方もいるかもしれませんね。そこでここでは、瞬発思考法を妨げる要因となる「思考のクセ」について説明します。

組織の中で仕事をしていると、色々な個性の人がいることに気づきます。話し好きな人、行動力のある人、無口な人、一生懸命仕事する人、ルーズな人など、1人1人に特徴があります。

さらにこの個性を、思考面について限定して分類すると、いくつかの思考タイプに分類できます。たとえば、あまり深く考えない人、話の中身より言葉（単語）に敏感に反応する人、ルールや指示に従うことしかできない人、知っていることが話に出てくるとすぐ反応して自身の知識を話しだす人、思慮深い人、要点をつかむのが早い人などです。

これらの思考タイプは、大きくは次の5つのタイプに分かれます。

5つの思考タイプ

①思考不足タイプ……思考不足・思考停止、言われたことだけやる
②思い込みタイプ……早とちり、経験頼り
③判断依存タイプ……ルール依存、上司依存
④評論家タイプ………知識豊富、議論好きで机上論先行
⑤問題解決タイプ……結論提案、現場を動かす

本書で目指すのは言うまでもなく⑤の問題解決タイプですが、これらのタイプは、皆さんが長年かけて身につけた「思考のクセ」。ただ何となく「考えよう」とすると、ついクセどおりに思考してしまいます。

そのため、タイプ⑤の問題解決タイプ以外の思考のクセがついてしまっている人が「瞬発思考」を身につけるためには、

・自分がどの思考のタイプなのかを知る
・その思考のクセにとらわれずに、問題解決力を磨く

という、ある程度のトレーニングが必要になるのです。

思考のクセにご用心

そこでこれからは、それぞれの思考タイプの特徴をご紹介しますので、まずは自分がどのタイプなのかを理解しましょう。

その特徴を知ったうえで「問題解決の手順」の思考をトレーニングすることで、⑤の問題解決タイプの思考のクセを効率よく身につけることができます。

タイプ① 思考不足タイプ

特徴

基本的に自分で物事を考えないタイプで、「言われたことだけをやればいい」という思考の持ち主です。会議などでは自分の意見を発言することはなく、ただ聞いているだけ、という傍観者となる場合が多くあります。

そもそも「自分で考えよう」という気持ちが不足しているので、議論の内容を理解していない場合も多く、「理解しよう」という意識も不十分です。また、話の中身より「言葉」自体に反応してしまう傾向があります。

「自身に与えられた仕事だけしかしたくない」

そもそも考えていないタイプ

「給与が少ないから今以上の仕事はしたくない」と考える傾向にあり、仕事に対してモチベーションの低い人に多く見られるタイプです。

改善方法

思考不足タイプの人は、「自分で考える」「自分の意見を持つ」ということを日常的に行なっていないため、まずは、自分で考え、自分の意見を持つことの大切さを認識することから始める必要があります。

そのうえで、手順どおり、1つ1つ思考していくようにしてください。

タイプ② 思い込みタイプ

特徴

決断が早い反面、少しの情報で、自分の過去の経験から結論を導き出そうとするので、短絡的で浅い思考になりがちです。思考が過去の自分の経験の範囲内に限定され、主観的になりがち、というのも課題です。

思考範囲が狭いので、物事の全体を捉えることが苦手で、自分がわかるところにだけに反応します。また、原因と結果の因果関係がないまま物事を決めつけやすいため、ピントがずれることもしばしばです。

思ったことをそのまま発言したり、先走って発言することも多く、行動力のある体育会系の人に多く見られます。

また、プライドが高く、頑固な人も多いタイプです。

改善方法

このタイプの人はまず、視野を広げて物事を捉えるようにしなければなりませ

「自分だけが正しい」と思っているタイプ

ん。そのためには、思考の軸を変えていくことが必要です。つまり、

「自分の軸で（＝自身の知識と経験に当てはめて）考えるのをやめ、相手軸で、相手の立場に立って考える」

ように心がけることです。

また、1つの情報からすぐに結論を出すのではなく、多方面の様々な情報をしっかり把握するように努めましょう。

タイプ③　判断依存タイプ

特徴

ルール、基準、方針、また上司の指示などにしたがい、忠実に実行することが思考と行動のベースになるので、一定のルールに沿って仕事を行なうことを得意としています。ルールや権威者の言うことをそのまま自分の意見として受け入れることも特徴です。

このタイプの人は、得てして「何を言うか」より「誰が言うか」を優先しがちで、臨機応変さに欠けるところがあります。

事務的・官僚的で、細かいチェックや、難易度の高い事務作業なども得意とするため、とくに役割やルールが明確で縦割りの組織体制が確立している大企業や自治体に勤めている人に多く見られます。

政治家にもこのタイプが見られますが、これは、現場の状況ではなく、憲法や法律を軸に議論をしていることが要因です。

改善方法

「ルールどおり行なう」「言われたことを忠実に行なう」という思考から、「自分で考え、自分で判断し、自分で決断する」という思考に切り替えるためには、思考の出発点を変えることが必須です。

ルールや上司に100%従うタイプ

思考の出発点が「ルール」や「上司の指示」になっている限り、「それに沿っているか、外れていないか」をチェックするような思考になってしまいます。

そうではなく、思考の出発点を現場の状況、つまり「現状」に置くようにするのです。

また、「ルールどおり、上司の指示どおり実行することが正しい」という価値観から脱却し、

「相手に最適な解決策を導き出して、実行することが正しい」

という意識を持つことが大切です。

タイプ④　評論家タイプ

特徴

豊富な知識を持ち、議論好きで論理的に議論を繰り広げます。客観的で冷静であり、周囲の気づかない問題に気づき、指摘することも得意です。一見「デキる人」に見られますが、一方で、自己主張することや相手を論破することに自己満足し、指摘中心・議論中心の傾向に陥りがちです。

また細かいところを掘り下げることが得意なこともあって、思考がミクロになる傾向があります。

その分、ゴール・イメージを描いたり、全体を捉えて優先順位や、物事のポイントを見極めるのは不得手なので、「周囲を巻き込んで現場を動かす」というリーダー的立場での仕事は苦手なタイプです。

このタイプは、大企業の社員や各種専門家、士業、大学教授や研修講師などの先

うんちくで煙に巻くタイプ

生業に多く見られます。内容が専門的になるほど、この思考タイプに陥りやすくなります。

改善方法

このタイプの人で多いのは、「自身の持っている知識から結論を導き出す」という思考です。つまり、「相手に最適な解決策を構築する」という思考ではなく、「自身の豊富な知識から相手に当てはまりそうな解決策を検索する」という思考になりがちなのです。

また、元々机上で学んだ知識が豊富である分、提案内容も机上論になりがちです。

問題点の原因の掘り下げが不十分な中で改善案を提示するので、ミスリードにつながりやすいのも問題ですね。

そこでまずは、「自身の知識を相手に当てはめる」という思考法から脱却し、

「解決策提示の前に原因を掘り下げる」

「相手に最適になるよう加工して解を導き出す」

という意識を持つこと。そこから、的確な問題解決法を提示できるようになっていきます。

タイプ⑤　問題解決タイプ

特徴

本書が目指すのはこのタイプです。

頭の回転が速く、正確な情報を迅速に収集し、最適な解決策を、最短で導き出します。

常に現場を動かすことに重点を置くため、ポイントを押さえ、優先順位を決めて取り組みます。合理的に導き出した改善策であるため、効果的で、無理なく効率的

チーム全体を前進させていくタイプ

に物事を進められます。

さて、あなたはどのタイプでしたか？

「自分がどのタイプかを知る」ことが、「問題解決タイプ」になるための第一歩。

そこから、日々の生活の中で「瞬発思考」を心がけ、⑤の問題解決タイプを目指していきましょう。

第3章

究極の問題解決力が身につく練習問題

日々起こっている面倒事を、瞬発思考で解いてみよう

前章までの「瞬発思考」のステップは、いかがでしたか。理論編はこのくらいにして、ここからは具体的な事例を見ていく中で、瞬発思考法のトレーニングをしていきましょう。

各事例に対して、内容をご紹介したあと、瞬発思考法の手順に当てはめて整理をします。ぜひ、事例を読みながら、「現状把握」「問題発見」「原因究明」「ゴール・イメージ」「具体策」を自分なりに描いてみてください。

まずは日常的な事例から見ていきましょう。なお、事例では、「把握すべき現状」「問題」「原因究明」の情報が出そろった段階でページをめくる目印を入れてあります。

ページをめくる前にこの3つを整理して、「ゴール・イメージ」「具体策」を考えていくことで、あなたの問題解決力はより向上していくでしょう。

Q1

《日常生活編》買い忘れ

C氏はときどき、買い物で、必要なものを買い忘れます。しかも、一番必要なものを買い忘れることもあります。

この買い忘れは、一度ではなく、何度も繰り返しています。買い忘れてしまったために、再びお店に行かなければならず、二度手間になってしまうこともしばしばです。

買うものが1つや2つなら記憶に残るのですが、数が増えてくると、買い忘れるものも増えてしまいます。

買い物の最中には思い出せず、買い忘れに気づくのは家に戻ってからです。また、すべて買ったと思って家に戻ったら、買い忘れがあった、ということもあります。

この問題の解決策が描けたらページをめくる⬅

そこでC氏は、買い物に行くときは「買い物リスト」として簡単なメモを書いておくようになりました。それからは、買い忘れがまったくなくなりました。

この例は、ほとんどすべての人が経験したことがあるのではないでしょうか。メモを作ることは、誰に教えられることもなく、自ら考えて行なったこと。しかも、この解決法は、とくに悩むことなく、簡単に導き出せると思います。

これも、次のように手順に当てはめて考えると、「瞬発思考法」で解決策を導き出したものだとわかります。私たちは日常、単純な問題解決の場面では、無意識のうちに頭の中で「問題解決の手順＝瞬発思考」で思考しているのです。

現状把握

- 買い物に行ったとき、必要なものを買い忘れてしまう
- この買い忘れを何度も繰り返している
- 買い忘れると、再びお店に行かなければならず、二度手間
- 買うものが2、3個なら覚えていられるが、数が増えるとつい忘れてしまう

問題発見

・買うものの数が増えると必要なものを買い忘れてしまう

原因究明

・買う量が多いと、すべてを記憶できない。記憶できても思い出せないものが出てくる

ゴール・イメージ

・買うものをすべて確認できる一覧表を持参し、それを見ながら買い物をする
・そうすれば、記憶は不要。思い出せないこともなくなる

具体策

・買い物に出かける前に「買い物リスト」をメモし、それを見ながら買い物をする

Q2

《日常生活編》スマホ不携帯

Dさんは21歳、1人暮らしの女子大生です。授業の他、サークル活動やバイトを行なっています。皆でワイワイ楽しむのが大好きなDさんは、それぞれに友達がいて、皆で食事をしたり、イベントを開催したりと、楽しい大学生活を送っています。

Dさんは夜型人間なので、いつも夜更かしをしており、朝がとても苦手です。そのため、朝はいつもボーッとしながら学校に出かけています。

Dさんが出かけるときの必需品は、おもに財布とスマホです。財布は、中に家の鍵が入っていて、外出するときは必ず鍵をかけるため、財布を忘れることはありません。しかし、スマホはときどき持たずに外出してしまいます。スマホは、夜寝るときに充電器に設置するのですが、充電器は部屋の隅っこにあり、財布置き場から離れています。そして、朝はボーッとしているので、出かける直前に財布を手に持っても、スマホのことを忘れてしまい、スマホを持たないまま出かけてしまうことがあるのです。

友達との連絡はスマホが中心なので、スマホを忘れた日は1日中、連絡がとれなくなってしまいます。そのため、急な集まりやイベントに参加できないこともたびたびです。そのたびに、あとでとても悔しい思いをするのです。その翌日、友達が、Dさんが行けなかったイベントの話で盛り上がっているのを見ると、寂しい気持ちになっています。

この問題の解決策が描けたらページをめくる ⬅

そこでDさんは、二度とスマホを忘れて出かけないようにしようと決意しました。

朝から完全に目が覚めた状態であれば、忘れることはないかもしれません。しかしDさんは、朝は苦手であり、朝出かけるときに、常に頭がスッキリしている状態というのは、ちょっと難しそうです。

ただ、鍵の入った財布を忘れることはないので、充電器に置かれたスマホが財布のすぐそばにあれば、財布をとるときにスマホも目に入って忘れることがなくなります。そこで、スマホの充電器を財布置き場の真横に置くようにしました。

それ以降、Dさんはスマホを持たないまま外出することはなくなりました。

この例を、瞬発思考法の手順どおりに当てはめると、以下のようになります。

現状把握

・Dさんは21歳、1人暮らしの女子大生、授業以外にサークル活動やバイトを行

なっている
・Dさんは皆で楽しむのが好きで、よく友達と食事やイベントを楽しんでいる
・Dさんは夜型人間で、毎日の夜更かしで朝はいつも頭がボーッとしている
・スマホは就寝時、財布置き場から離れた部屋の隅っこの充電器に置く
・外出時、財布は家の鍵が入っているので忘れないが、ときどきスマホを忘れる
・スマホを持たずに外出したときは、突然の誘いに参加できず、翌日友達がその話題で盛り上がっていると寂しい気持ちになる

問題発見

・スマホを持たずに外出してしまう

原因究明

・スマホの充電器が財布置き場から離れたところにある

ゴール・イメージ

・外出時に財布を持ち出すとき、財布と一緒にスマホも目に入れば、スマホを忘れることがない

具体策

・充電器を財布置き場の真横に置く

この問題でも、瞬発思考を使わずに考えても、すぐに適切な答えが導き出せたことでしょう。しかし、このような簡単なことから考える練習をしておくことで、より複雑な問題に突き当たったときにも対処できるようになります。

当たり前すぎる答え、と見くびることなく、思考のレベルを少しずつ上げていくようにしましょう。

それでは次から、ビジネスの事例で見ていきます。

Q3

《ビジネス編》作業スピードを上げるには？

Ｅ氏は、組立工程の作業現場で働き始めて半年の、30代の男性です。

この作業は、１人ですべてを組み立てる必要があるため、ドライバーやスパナ、ドリルなど、作業に応じて様々な工具を使います。

また、作業に高いスキルは必要ないのですが、完成までの目標時間が決まっているため、ある程度のスピードが要求されます。


Ｅ氏は、この作業を始めて半年になり、作業そのものには慣れてきているのですが、なかなか目標の時間までに完成させることができません。

そしてとうとう上司から、

「そろそろスピードを上げてもらわないと困るよ！」

と注意されてしまいました。

そのためＥ氏は、上司から二度と怒られたくないので、どうしたら目標時間をクリアできるかを考えました。そして、自分で作業をしながら、どこで時間がかかっているのか、自ら検証してみることにしました。

すると、1つ1つの作業はそれなりにスピーディにできているという自信があるのですが、作業と作業の切り替えに時間がかかっていることがわかりました。

具体的には、作業の切り替え時の工具の持ち替えに時間がかかっていました。

工具の置き場所が決まっていないため、切り替え時にいちいち必要な工具を探してしまい、それでもなかなか見つからないため、ムダな時間がかかっていたのです。

この問題の解決策が描けたらページをめくる ⬅

E氏はなぜ、仕事が遅い?

そこでE氏は、使用する工具の置き場所を決めることにしました。使用頻度の高い工具は手元近くに、それ以外は作業の順番どおりに並べ、持ち替えやすいようにしました。そうして、使い終わったら必ず所定の場所に置くようにします。

その結果、作業の切り替え時間は大幅に短縮し、E氏は目標時間内に組み立てを完成させることができるようになりました。上司からも褒められることが増え、いっそう精を出して仕事をするようになりました。

この事例を、瞬発思考法の手順で整理してみます。

現状把握

- E氏は組立工程で勤続半年の現場作業員、30代の男性
- 組立作業は1人ですべてを組み立てるため、様々な工具を使用
- 作業に高いスキルは不要だが、スピードは求められ、完成までの目標時間が決まっている
- E氏は作業慣れしているが目標時間内に完成できず、上司から叱責を受けている

問題発見

・E氏は作業慣れしているが、目標時間内に完成できない

原因究明

・工具の置き場所が不確定

ゴール・イメージ

・各工具の置き場所が決まっており、所定場所から迷うことなくすぐに工具を取り出せる

具体策

・各工具の置き場所を決める
・作業の順番に設置場所を決める
・使用頻度の高い工具は所定場所を近くにする

Q4

《ビジネス編》営業先で成果をあげる

私（Fさん）は新人の営業マンです。先日、初めて先輩に同行してもらい、お客様を訪問して商品説明をする機会がありました。しかし、私はまだ商品知識が十分になかったため、説明がうまくできませんでした。

結局その日は、私に代わってすべて先輩が説明をしてくれました。先輩の説明は非常にスムーズで細かく、しかも、お客様にとって何がいいのか、どう役立つのかが、わかりやすくまとめられていました。

その翌日、再び先輩に同行してもらい、お客様を訪問しました。私は昨日の先輩の話を少しメモしていたため、昨日よりは自分で話を進める自信がありましたし、今回もまた先輩が助けてくれると思い、前日より少し余裕を持って訪問しました。

しかし、私が商品の説明をしている途中で、話に詰まってしまいましたが、今回は、先輩は説明を代わってくれませんでした。それどころか、私の説明が終わるまで、一切、口を出さなかったのです。

結局私は、不十分ながらも最後まで1人で説明しました。正直なところ、商品の特徴をお客様にしっかりと伝えることはできなかったと思います。

「どうして助けてくれなかったのかなぁ」と少し不思議に思いながら、「まだまだダメだなぁ」と落ち込みました。「このままだと1人で営業の数字を出せない。早くしっかり説明できるようにならないといけない」と痛感したのです。

さらに翌日、その先輩から「明日、G社に1人で営業してきて」と言われました。

私はまだ、商品の説明を完全にできる状態ではなく、驚きながらも、「わかりました」と返事をしました。そして、翌日までにすべて1人で説明できるようにならなければならないことに、不安を感じました。

この問題の解決策が描けたらページをめくる ←

そこで私は、簡単な「商品説明マニュアル」を自分で作成し、訪問前に頭に詰め込みました。さらに、説明マニュアルを文章で整理したことで、この商品の特徴（強み）が、はっきりと把握できるようになりました。

ある程度商品を理解し、説明内容を頭に入れた私は、少し余裕を持ってG社を訪問しました。そして、事前準備のとおり、商品説明を行ないました。説明は少々たどたどしかったかもしれませんが、G社にはしっかりと商品の特徴を伝えることができ、G社の担当者も前向きに検討してくれると言ってくれました。

この状況について、瞬発思考法の手順で整理してみます。

現状把握

・Fさんは新人の営業マンだが、商品知識は不十分
・ある日先輩が同行して営業し、商品説明を行なったが、商品知識が不十分なため、お客様へうまく説明できなかった
・まだ先輩からの支援がなければ、１人で商品説明ができない状況

郵便はがき

料金受取人払郵便

芝局承認

4063

差出有効期限
平成31年1月
6日まで
(切手は不要です)

105-8790

216

東京都港区虎ノ門2-2-5
共同通信会館9F

株式会社 文響社 行

フリガナ	
お名前	
ご住所 〒 都道府県 区町市郡	
電話番号	
Eメール	
年齢 才	性別 □男 □女
ご職業(ご選択下さい) 1. 学生〔小学・中学・高校・大学(院)・専門学校〕 2. 会社員・公務員 3. 会社役員 4. 自営業 5. 主婦 6. 無職 7. その他( )	
ご購入作品名	

より良い作品づくりのために皆さまのご意見を参考にさせていただいております。
ご協力よろしくお願いします。

A. 本書を最初に何でお知りになりましたか。

1. 新聞・雑誌の紹介記事(新聞・雑誌名　　　　　　) 2. 書店で実物を見て 3. 人にすすめられて
4. インターネットで見て 5. 著者ブログで見て 6. その他(　　　　　　)

B. お買い求めになった動機をお聞かせ下さい。(いくつでも可)

1. 著者の作品が好きだから 2. タイトルが良かったから 3. 表紙が良かったので
4. 内容が面白そうだったから 5. 帯のコメントにひかれて 6. その他(　　　　　　)

C. 本書をお読みになってのご意見・ご感想をお聞かせください。

D. 本書をお読みになって、
良くなかった点、こうしたらもっと良くなるのにという点をお聞かせ下さい。

E. 著者に期待する今後の作品テーマは?

F. ご感想・ご意見を広告やホームページ、
本の宣伝・広告等に使わせていただいてもよろしいですか?

1. 実名で可 2. 匿名で可 3. 不可

ご協力ありがとうございました。

・先輩の説明は非常にわかりやすく、顧客のメリットも明確に伝えている
・次回から１人で営業に行って、商品説明をしなければならない

問題発見

・Ｆさんは１人では、顧客に商品の説明をしたり特徴を伝えたりできない

原因究明

・商品知識が不十分

ゴール・イメージ

・顧客の前で、スラスラ１人で商品説明ができる
・商品の特徴や、なぜ顧客に役立つのかを、わかりやすく説明できる

具体策

・「商品説明マニュアル」を作り、商品説明と、その特徴を整理する

・このマニュアルの内容を記憶し、顧客の前でマニュアルを見ずに、スムーズに、商品説明や特徴を伝えるようにする

いかがでしょうか。

事例は少しずつ複雑になってきてはいますが、おそらく多くの人は、スムーズに「商品説明マニュアル」という解決策を思いつくことができたと思います。

しかし実際に起こる問題は、これほどシンプルな状況ではないことも多くあります。一度に正確な情報が得られない場合や、情報が膨大になって状況が複雑になった場合には、無意識に瞬発思考法の手順で思考することはできないでしょう。ほとんどのケースで、最初のステップである「現状把握」の段階でつまずいてしまいます。

そうなると、この瞬発思考法の手順で思考するのではなく、思考停止に陥ったり、自身の知識や経験から解決策を導いたり、思いつきで解決策を提示してしまったりするのです。その結果、その解決策には合理性が乏しく、偏ったものになる可能性が高くなります。

このように現状が複雑な場合、こちらが意識してヒアリングなどをしなければ、必要な情報を収集することはできません。

それでは、情報が不足して、解決策を誤るケースとは、どのような状況でしょうか。

次のQ5では、その現状把握が不十分な状況の中で、どのような思考によって判断ミスを犯して、誤った解決策を導いてしまうのかを確認していきます。

Q5は、地方の中堅加工食品製造会社H社の、営業部門の課長と新人営業マンの事例です。

Q5

《ビジネス編》交渉

ある日、H社の新人営業マンIさんからJ課長に、次の相談がありました。

「J課長、納入先のKスーパーから、L商品の値段を10％下げてほしいという依頼がありました。『L商品は当社の人気商品なので値下げはできない』と言ったのですが、引き下がってくれません。どうしたらいいでしょうか。

実は先日、私のミスで納品が遅れてすごく怒られたことがありました。そのときに、バイヤーの方から競合のM社より高いと言われ、何も言えませんでした。たしかに、最近Kスーパーで、新たにM社の類似商品が販売されていて、うちより安いのです。

そのバイヤーは、うちよりM社のほうを気に入っているのかもしれません。今後、当社の製品を売ってくれなくなるのではないか、心配です」

大口得意先であるKスーパーには、元々、L商品を他店より安く納品しており、あまり値下げはしたくないのが本音です。

しかし、主力商品であるL商品がM社の製品に変更され、Kスーパーに置いてもらえなくなったらH社にとって大打撃です。また、今回納期が遅れてKスーパーに損害を与え、迷惑をかけてしまっています。

この問題の解決策が描けたらページをめくる ←

そこでJ課長は、今後の継続販売のため、かつ、納期遅延の謝罪の意味も込めて、L商品をKスーパーの要求どおり10％値下げすることにしました。

今回の事例は、これまでと比べて格段に難易度が上がっています。

J課長は悩んだ末、右のような結論を出しましたが、実はこの「ゴール・イメージ」と「具体策」は、必ずしも正しいものとはいえません。

なぜJ課長の結論が正しいとはいえないのか、整理してみましょう。

現状把握

- 得意先のKスーパーから、H社の主力商品Lの、10％の値引きの依頼あり
- 「値下げできない」と言ってもKスーパーのバイヤーは引き下がらない
- 先日、Iさんのミスで納品が遅れて怒られた
- IさんはKスーパーのバイヤーから、M社の製品より高いと言われた。実際に、M社がつくっている類似品は、L商品より安い
- ※ バイヤーはH社よりM社のほうを気に入っている？

※
・M社の製品が安価なので、値引きに対応しないと今後はL商品を売ってくれなくなる？

問題発見
・Kスーパーから、主力商品Lの10％の値引き依頼あり
※
・L商品がKスーパーに納入されなくなる？

原因究明
★
・Iさんのミスによる納期遅れで、ペナルティの意味を込めて値引き交渉をしてきている？
★
・競合他社M社の類似品がL商品より安価で、このままではL商品がM社の商品に変えられてしまう可能性がある？

ゴール・イメージ
・10％の値引き要求を受け入れて、従来どおりKスーパーにL商品を納入できるよ

うにする？

具体策

・**【短絡的決断】10％値引き要求を受け入れ、翌月から10％値引きで納入する**
・**今後も継続してKスーパーにL商品を納入する**

このように見ると、正しい問題解決をしているように見えるかもしれません。しかし「※」をつけたところに注目してください。

今回の事例のポイントは、部下からの相談内容の中に、「事実」と「事実以外」のことが混在している、ということです。そう、「※」は、「事実」ではなく、「部下の感想、予想」なのです。

瞬発思考法の最初の手順は「現状把握」であり、重要なのは「事実を正確に把握する」ということでした。ですから、本来であれば、部下の感想や予想は「事実」ではないため、それが事実としてどうなのかを確認しなければなりません。それなのに、この確認を怠ったまま「現状」として捉えてしまいました。

また、この事例の中には、不確実な情報（★）も登場しますが、Ｊ課長は、これもまた、事実として捉えてしまいました。

今回のＫスーパーからの値下げ要求は、部下の納品遅れのペナルティ的な要素があるのかどうかはわかりません。

また、競合Ｍ社が類似品を当社より安く売っている、ということは事実ですが、それが今回の値引き要求に影響しているかどうかも不確実な情報です。

たとえば、Ｋスーパーが、Ｌ商品とその類似品のどちらか１つに絞って販売していく、という方針を打ち出して、

「Ｍ社より安くないとＬ商品を販売しない」

と言ってきたのであれば、対策が必要かもしれません（もちろん「撤退」という決定も一案です）。しかしここで登場した情報からは、「部下のミス」と「競合Ｍ社の安価なＬ商品の類似品の存在」が、Ｋスーパーの値引き要求に関連しているかどうかはわからないのです。

しかし今回は、正確な情報かどうかの確認をせず、「部下のミスのペナルティ」「M社の低価格商品の存在による失注の危機」という、不確かな内容を「値引き要求の要因」として捉えてしまいました。

そのため、今回は、ゴール・イメージとして、「10％の要求を受け入れて、従来どおりKスーパーにL商品納入を維持する」というような、不要に自社の収益性を悪化させる短絡的な決断ともいえる結論を描いてしまったのです。

不正確な現状把握の中でのJ課長の誤った思考によって、本当の意味では問題解決にならない「解決策」が出てきてしまったわけです。

Q5 で考えられる解決策

では、正確な情報だけを現状把握として、瞬発思考法の手順どおり情報を整理するとどうなるでしょうか。

〈現時点で判明している正確な情報だけで再整理〉

現状把握

- 得意先のＫスーパーから、Ｈ社の主力商品Ｌの、10％の値引きの依頼あり
- 「値下げできない」と言ってもＫスーパーのバイヤーは引き下がらない
- 先日、Ｉさんのミスで納品が遅れて怒られた
- ＩさんはＫスーパーのバイヤーから、Ｍ社の製品より高いと言われた。実際に、Ｍ社がつくっている類似品は、Ｌ商品より安い

問題発見

- Ｋスーパーから、主力商品Ｌの10％の値引き依頼あり

原因究明

- ？（原因は不明）

ゴール・イメージ

・？（原因がわからないので、その対策としてのゴール・イメージの描写は困難）

具体策

・？（ゴールが不明確なため、ゴールに到達するための解決策は導けない）

瞬発思考法の手順から考えると、現在の情報だけでは現状把握が不十分で問題の原因をつかめていないため、正確なゴールが描けません。そのため、当然解決策も導けないのです。

ですから、ここですべきは、「必要な情報を確認する」という作業です。焦って結論を出そうとしてはいけません。改めてQ5を見ていきましょう。

前述

ある日、H社の新人営業マンIさんからJ課長に、次の相談がありました。「J課長、納入先のKスーパーから、L商品の値段を10％下げてほしいという依頼がありました。『L商品は当社の人気商品なので値下げはできない』と言ったのですが、引き下がってくれません。どうしたらいいでしょうか。

実は先日、私のミスで納品が遅れてすごく怒られたことがありました。そのときに、バイヤーの方から競合のＭ社より高いと言われ、何も言えませんでした。たしかに、最近Ｋスーパーで、新たにＭ社の類似商品が販売されていて、うちより安いのです。

そのバイヤーは、うちよりＭ社のほうを気に入っているのかもしれません。今後、当社の製品を売ってくれなくなるのではないか、心配です」

追加

そこでＪ課長はＩさんに質問をして、不明確な情報を聞き出しました。また、Ｉさんに質問してもわからない点は、すぐに先方に電話で確認をさせました。

さらに課長自身も、Ｋスーパーのバイヤーに電話をして、部下（Ｉさん）の言っている情報が確かかどうか確認を取り、補足情報も集めました。

その結果、追加情報として、以下のことが判明しました。

〈追加情報〉

・部下であるIさんのミスによる納品遅れは、

「前日までに納品予定のL商品が、翌日の朝の時点でまだ納品されていなかった」

ということだった。営業ではなく、H社の出荷担当のミスによるものだった。ただし、開店時には遅れたが、すぐに納品したとのこと。

「迅速に対応してくれて、昼過ぎには納品してくれたのでありがたかった」

とKスーパーのバイヤーは言っていた。

・M社の類似品の販売を開始したのは、あくまで安価な顧客を取り込むためのものである。M社の類似品は、多少品質が下がってでもより安値な商品を求める顧客に向けたものであり、従来のH社のターゲット顧客とは異なる。Kスーパーで L商品を購入する顧客は、

「L商品でなければダメ」

というリピーターが多い。またL商品はKスーパーの売れ筋であり、これからも継続して販売していきたい、という意向を持っている。

・今回の値引き要求は、あくまでも１週間の期間限定である。近くに競合のスーパーができたので、その開店に合わせて、人気商品の値引きで集客力を高めたい、というのが狙い。
・Ｌ商品以外にも、この１週間の期間限定値引きセールは、Ｋスーパーの売れ筋商品10品を一斉に「10％値引き」にする予定。
・この１週間はＫスーパーにとっても勝負の１週間なので、仕入れで10％値引きが難しい場合でも、最低でも５％の値引きには対応してほしい。不足分は、Ｋスーパーで値引きして対応する。
・Ｈ社以外の９社の商品はすでに交渉が済んでおり、値引き率は各商品異なるが、概ね５～８％程度である。

この問題の解決策が描けたらページをめくる ⬅

そこでJ課長は、Kスーパーには、従来から他店より値引き率を大きくして販売しているため、5％でお願いできないか依頼をしました。すると、Kスーパーのバイヤーは快く、1週間限定の5％値引きの仕入で了承してくれました。

この状況を、問題解決の手順に当てはめると、次のとおりになります。

？正確な情報収集後のJ課長の思考

現状把握

・得意先のKスーパーから、H社の主力商品Lの、10％の値引きの依頼あり
・L商品はKスーパーの人気商品で、「L商品でなければダメ」というリピーターが多く、売れ筋である。これからもKスーパーは継続して販売していきたいと考えている
・今回の値引き要求は1週間の期間限定。近くに競合スーパーが開店し、その開店に合わせて人気商品の値引きで集客力を高めるのが狙い

・１週間の期間限定値引きセールは、Ｌ商品以外にも、Ｋスーパーの売れ筋商品10品を対象とし、一斉に「10％値引き」を予定している
・この１週間はＫスーパーにとっても勝負。10％値引きが難しい場合、最低でも５％の値引きには対応してほしいという要求
・Ｈ社以外の９社の商品はすでに了承済み、値引き率は概ね５～８％程度
・Ｍ社の類似品の販売を開始したのは安価な顧客を取り込むためのもの。今回の値引き依頼とは無関係

問題発見

・Ｋスーパーから、主力商品Ｌの10％の値引き依頼あり
・10％が困難であれば、最低５％の値引きは対応してほしい

原因究明

・Ｋスーパーの近くに競合のスーパーができたので、その開店に合わせて、人気商品の値引きで集客力を高めたい、というＫスーパーの意向

ゴール・イメージ

- 1週間の期間限定で、Kスーパーの許容範囲である最低5％の値引きをし、Kスーパーのセールに協力する

具体策

- Kスーパーの値引き10％の要求に対し、5％で了解をもらい、1週間限定で5％の値引きを実行
- Kスーパーの値引き10％が難しいのは、元々Kスーパー向けの値引き率が他店より大きいため。その状況をKスーパーに理解してもらったうえで、快く5％を受け入れてもらうように交渉する

追加情報を入手することで、正確な現状把握ができ、瞬発思考法によって両者にとってバランスのよい、最適な解決策を見出すことができました。

しっかりとした情報収集が、正確な現状把握、ひいては問題解決にとっては不可欠なのです。

第4章

事態を正しくひもとき、解決するための「情報収集」テクニック

なぜ、必要な情報を的確に集めることは難しいのか

第3章のQ5では、「正しい情報収集をして、現状を正確に把握しないと、間違った解決策に辿り着いてしまう」ということがわかりました。「正しい情報収集」と言葉にするのは簡単ですが、実際はとても難しいと言わざるを得ません。なぜなら、問題が発生したときに集まる情報の中には、本当に必要な「事実」の他に、「自身の考え」や「思い」「感想」「期待」「想像」などの主観的な要素が混ざってくるからです。

様々な要素が混ざり合った情報の中から事実だけを抽出しなければならないわけです。

起こった問題がシンプルで、得られる情報の量も少なければ整理も簡単ですが、より複雑な問題ではそれだけで大変な作業になってしまいます。

しかも、集まる情報が事実だけに限らないばかりではなく、必要な情報のすべてを伝えてくれるとも限りません。

つまり、問題が起こったときには、それに関連する情報を集め、そのあと、「不足した情報を自分から質問して取りに行く」というプロセスが必要なのです。

そのための方法が、「ヒアリング」です。

ヒアリングが必要なシーンは、ビジネスの現場に限ったことではありません。私たちは、プライベートの様々な会話の中で、ヒアリングを行なっています。ただし、プライベートでするヒアリングをそのままビジネスに使うことはできません。それは、目的が大きく異なるからです。

プライベートで行なうヒアリングは、会話を盛り上げたり、楽しんだりするために行なわれます。ヒアリングで情報を交換して互いを理解し、共感し合い、慰め合ったり励まし合ったりして、心理的な喜びや満足感を味わうわけです。

一方で、ビジネス上のヒアリングは、主要な目的は「情報収集」です。まずは現状を正確に把握し、その中にある問題点を発見し、その原因を究明していかなければなりません。あるいは、強みが見つかったら、それを活かしていくことでビジネスは発展します（197ページ）。

相手への気遣いは必要ですが、それによって踏み込んだ質問ができずに必要な情報が取れなかった、というのでは、ビジネスにおいては意味がないのです。

もちろん、相手の本音を聞き出したり、信頼関係を構築することが優先のヒアリングもあるでしょう。しかし基本的には、トラブルやクレームの処理、営業活動、業務改善、経費削減、マーケティングなどのビジネス上の様々な状況において必要になるのは、**「正確な現状把握」を目的としたヒアリング**です。

闇雲《やみくも》な情報収集によるミスリーディング

このような目的を持って情報収集をするには、ある程度のルール（こうしよう、という心構え）とスキルが必要です。

みなさんは、以下のような失敗をしたことはありませんか。

- **相手の話を聞いているときに思考停止状態になり、相手の話す内容を機械的にメモをとるだけになってしまった**
- **相手の話を理解できないところがあったがそのまま聞き流してしまったため、話の内容の理解が不十分になった**

・相手の話の中で、わかるところ、得意なところだけに反応していた
・専門用語など知らない言葉が出てきても質問できず、話の内容が理解できなくなってしまった
・恥ずかしくて「わからない」と言えなかった
・相手の「考え」「思い」「想像」を「事実」と誤認してしまった
・一部の情報だけで、全体を理解したつもりになってしまった
・根拠が不十分な中で、決めつけてしまった
・何が問題なのかが捉えられなかった
・問題は把握できたが、どう改善していいのかがわからなかった

ルールなしで闇雲にヒアリングを行なうと、このような失敗を犯しやすくなります。

そこで本章では、必要な情報を、短時間で、漏れなく、確実にヒアリングをするために重要な7つのコツをお伝えします。

なお、相手の話を聞き漏らさないために「録音」をしようとする人が、最近とくに増えているように思います。たしかに、スマホを使えば録音は簡単にできます。

しかし、相手から情報を引き出すためのヒアリングは、**録音ではなくて、その場で確実に理解して話を進めること**が大切です。証拠として保存する必要のない限り、録音自体、しないほうがいいでしょう。

それは、録音してしまうと、その場で内容を理解しようという意識が薄れてしまうからです。そのため、聞き方が浅くなり、思考停止状態に陥ってしまうことも多くなります。そうなると、細かい内容を確認したり原因を深堀りしていくことができなくなり、情報収集が粗くなります。

それに、録音は聞き返すのに同じだけの時間を要するため、その分の時間もムダですね。

必要な情報を正確に引き出すヒアリングの7つのコツ

1. ヒアリングする側が
主体的に質問する

2. 最初に全体像
次に詳細の順番で確認

3. 不明点は即確認

4. あらかじめヒアリング項目を
決めておく

5. 目的を持つ

6. 問題点（と強み）の発見
問題点の掘り下げ

7. 図表やイメージ図を活用する

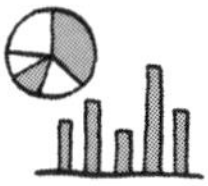

情報収集のコツ①
ヒアリングする側が主体的に質問する

ヒアリングは、「聞き取る側」が主体的に質問をすることが大切です。

つまり、相手の話をただ聞くだけではなく、**不明点や不足の内容があれば、こちらから質問して、確実に情報を得る**のです。

とくに情報量が膨大なときは、相手に一方的に話をしてもらうスタイルではなく、質問に対して答えてもらうようなスタイルを心がけましょう。

そうすると、相手の「考え」「思い」「感想」「期待」「想像」と「事実」との区別がしやすくなるほか、話の筋道を立てながら聞くことができ、自然と理解が深まります。また、相手の思いつきで話が転々としてしまうことも防げるため、聞き漏らしも減らせます。

相手の話を100％理解する必要はない

ただ相手の話を聞いていると、相手の話す内容をすべて理解しなければいけないような気になるかもしれません。

「事実だけ」を聞き出すには？

しかし、問題に関係のない話や、脇道にそれた話題に対しては、理解してもしなくてもどちらでもいいと、きっぱり割り切るようにしましょう。

「自分から質問していく」という意識を持つことで、必要な話にだけ注意を向けることができるようになります。

情報収集のコツ②
全体像→詳細の順番で絞り込む

2つめのコツは、話を聞いていく順番です。物事を正確に理解するには、早い段階で概要や全体像をつかむことが不可欠です。ですから、**「まず全体像を把握し、そのあとに詳細な内容を確認する」**という流れをとっていきます。

このような理解の流れは、ヒアリングに限ったことではありません。たとえば何かの資格を取得しようと勉強するときも、いきなり細かい内容を覚えようとするより、全体像や流れを理解してから細かい内容を見たほうがすんなり頭に入ったりします。最初から細かい内容を覚えようとすれば単なる「暗記」に過ぎませんが、全体像を踏まえた上で細かい内容を覚えれば、そこに「理解」が加わるからです。

まずはしっかりと全体像を理解してから細かい点を確認していくことが大切です。

まず全体を把握できれば、何の話かが、すぐわかる

情報収集のコツ③
不明点を放置しない

話の中で、**ついうっかり聞き逃してしまったり、理解できない言葉が出てきたりしたとき**はどうしたらいいでしょうか。

そのときは、**すぐに質問する**ことが肝心です。わからないまま放置してしまうと、そこで思考が停止してしまって、それ以降の話が入ってこなくなってしまいます。

理解できない状態で相手に長時間話してもらうのは時間のムダですし、相手にも申し訳ないこと。

相手の話を遮って質問するのは躊躇《ちゅうちょ》するかもしれませんが、それが相手のためであり自分のためでもあると割り切って、勇気を持って質問してください。

「すいません、『○○』という言葉の意味がわからないので教えていただけませんか」

「『○○』がイメージできないのですが、たとえばどのようなものでしょうか」

「今のところが理解できなかったので、もう少しわかりやすく教えていただけますわからない箇所はその場で質問!

か」

「今おっしゃったことですが、△△という解釈でよろしいですか」

「すみません、今、ちょっと言葉が聞き取れなかったので、もう一度説明していただけますか」

などと質問すれば、相手も快く答えてくれると思います。

情報収集のコツ④
ヒアリング項目は前もって決めておく

４つめのコツは、**あらかじめヒアリング項目を決めておく**、ということです。突発的に起こった問題は別として、たとえば営業などで顧客の情報を収集するときや、企業調査などを行なう場合には、必ず質問内容を考えておきましょう。

よく、質問は「５Ｗ１Ｈ」に従ってするといいと言われます。これも、フレームワークの一種で、５Ｗ１Ｈとは、誰が（Who）、いつ（When）、どこで（Where）、何を（What）、なぜ（Why）、どうやって（How）と聞いていくと、漏れなく情報を聞き取れる、というわけです。さらにいくら（How much）を加えて５Ｗ２Ｈもあります。

この５Ｗ１Ｈを確認することで、簡単な情報収集であれば、概ね現状把握が可能になります。

情報量が多かったり複雑な場合は、事前に「ヒアリングシート」を作って聞き取りたい内容をまとめておきましょう。ちなみに、私が企業を調査する場合は必ずヒアリングシートを活用します。

ヒアリングシートの例

企業の事業調査で聞き取りする場合

経営

- 経営の基本概念
- 経営戦略
- 経営体制
- 収益管理

組織

- 組織体制
- 人材・人事

営業

- 営業の基本体制
- 営業活動
- 業務フロー
- 営業資料
- 差別化要因
- 営業管理

製造

- 製造の基本体制
- 生産管理
- 在庫管理
- 5S
- ロス管理
- 減価管理
- 労務管理

法人営業の新規開拓で聞き取りする場合

企業名

部署名

担当者・役職

決裁者

採用中(検討中)の機種

- 機種
- メーカー
- 採用時期
- 年間台数
- 使用目的
- 良いところ
- 不満なところ
- 採用の決め手

その他要望

その他 悩み・困り事

なお、「ヒアリングシートを活用すると、用意した項目を機械的に確認するだけになってしまって、情報が表面的になったり、応用もきかなくなるのでは？」と懸念する人もいるでしょう。

しかし、その心配は不要です。もし機械的になるとしたら、それはヒアリングシートではなくヒアリングする側の「意識」の問題です。話の中身を理解しようとせずにヒアリングシートを活用するから、機械的な情報収集になるのです。

相手から必要な情報をしっかり聞き取り、理解しようという意識で臨めば、ヒアリングシートはとても便利なツールです。

情報収集のコツ⑤
そのヒアリングの目的は何か？

5つめのコツは、目的を持ってヒアリングすることです。

ヒアリングは、目的の意識がないまま、その場の話の流れに任せて聞いていると、ただ話を聞いているだけの状態になり、思考が停止してしまいます。そうなると、表面的な情報しか入手できませんし、深堀りすることもできません。

また、前述の「情報収集のコツ③」に示したような、不明点を確認することもできません。

繰り返しになりますが、**ヒアリングの一番の目的は「現状把握」です。**内容をよく理解しながら、自分が必要としている情報を拾い上げていきましょう。

ところで、「現状把握をするためのヒアリング」、というお話をしていると、中には、

「一言一句、しっかり聞き取って、現状をより正確に把握できるように頑張ります！」

という方がいらっしゃいます。

しかし、相手の言葉の1つ1つに焦点を当ててしまうと、ヒアリングの目的がい

つの間にか「相手の言葉を正確にメモする」という作業にすり替わってしまいます。そう、作業に集中してしまって、肝心の「中身（意味）を理解する」という「思考」ができなくなってしまうのです。

すると、「持ち帰ってメモを読み返す」ことが前提となり、「ヒアリングによって、理解を深めていくこと」「不明点はその場で明らかにすること」ができなくなります。

「相手の話を聞いてメモをたくさんとったけど、いまいちポイントがはっきりしない」

という際には、相手の発する1つ1つの言葉に振り回されていないか、一度見直してみてください。また、パソコンに入力しながらヒアリングをしていくと、似たような状況になりがちです。

「問題点はその場であぶり出す」意識で、相手の話を聞いてください。

情報収集のコツ⑥
真の問題点に向けて深掘りする

現状把握のためにヒアリングをしていると、あるところで「問題点」が見えてきます。それを発見したら、即座に、ヒアリングの目的を「現状把握」から「原因究明」に切り替えましょう。たとえば、社長が製品説明をしているときに、

「ちょっと使い勝手が悪いけど」

と言ったら、現状把握をしながら「使い勝手が悪い」という問題点を発見したということです。そこで、「原因究明」に目的を切り替え、

「どこの使い勝手が悪いのか」

「なぜ使い勝手が悪いのか」


と深掘りして、「真の問題点（真の原因）」を探っていくのです。

ちなみに、深掘りをするときには、

「なぜ？」

「どこが？」

「たとえば？」

「具体的には？」

「他には？」

というフレーズを使うと便利です。膨大な情報の中から、「真の問題点」という間違いを見つけ出す「間違い探し」のようなイメージで、現状から「真の問題点（真の原因）」を見つけ出しましょう。これが、ヒアリングの「最終ゴール」です。

これまで「現状把握」の重要性は繰り返しお話ししてきましたが、瞬発思考で行なう「現状把握」は、すべて、問題というゴールに到達するための「道」であり、正しい思考をするための「判断材料」なのです。

仕事における会話の9割には、ある共通した目的がある

日常の会議や業務内容についての会話の多くは、この「真の問題点（真の原因）」を発見することを目的としています（このスキルを197ページのように「強み発見」のほうに応用すれば、「真の強み」を発見するためにも使えます）。

真の問題点は正しいヒアリングの先に見えてくる

業績が予算より悪い場合の会議も、顧客のクレーム対応も、まずは「真の問題点」を見つけるためのヒアリングから始まります。

部下からの悩み相談も、上司として解決策を提案するためには、どこに悩み（問題）の原因があるかをヒアリングする必要があります。

ということは、仕事中は、相手の話を「何となく」聞いていてはダメ、ということになりますね。

何でもない業務や会話の中から問題点を発見し、解決できる人こそが、真に瞬発思考を使いこなしているといえるのです。

情報収集のコツ⑦
図表やイメージ図を活用する

ヒアリングは、言葉のやりとりだけで完結させるのではなく、**図表やイメージ図を活用することで理解が深まります**。

雑多な情報を、「Before」と「After」に分けたり、企業情報の場合は「強み」「弱み」に分けたり、「組織」「営業」「製造」などの職種に分けたりして整理しながら、相手に確認していきます。あるいは、イラストやイメージ図を描くのも有効ですね。

こうすることで情報が整理でき、理解度が高まるほか、どこまであなたが理解できているのかを相手と共有することができます。

図表やイラストを描くためには、**パソコンよりも手書きのメモのほうが格段に便利**です。ヒアリングのときは、ぜひ、手書きのメモを活用しましょう。

図やイラストで話し手と聞き手に共通認識が生まれる

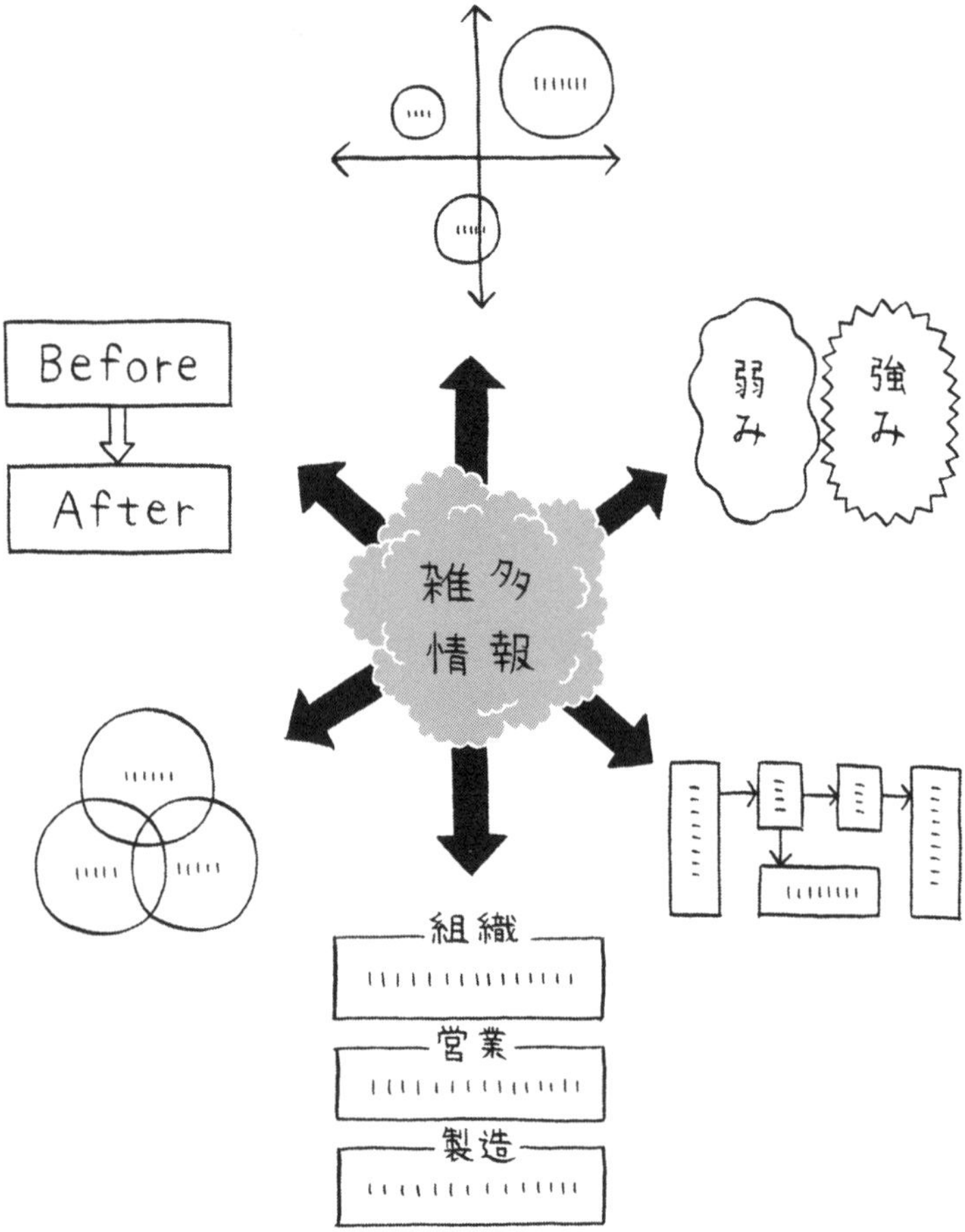

第5章

問題解決力をさらに高める「瞬発思考」のエッセンス

いくつかの解決策が出てきたときの選び方

瞬発思考で起こっている問題を解決しようと考えていくと、1つの問題に対して、解決策がいくつか出ることがあります。

その際には、**より本質的な問題解決に近づけるほうを選ぶ**ことが望ましいですが、私たちはつい、その解決策にかかる時間や手間、状況を考えて、よりラクなほうや、損しないほうを選んでしまいがちです。その結果、ベストな解決策を選べずに終わってしまうことも少なくありません。

たとえば、ある非効率な作業を見直すことになったとします。その際、改善レベルのN案と、抜本見直しのO案のいずれかの選択を迫られたとしましょう。

N案は自身にまったく負担がありません。一方、O案は作業員（つまり、あなた）が何日も残業して構築しなければならない、とします。この場合、O案のほうがより作業の効率化につながるとしても、作業員である自身の相当な負荷を考えたら、なかなかO案を選択することは難しいという人もいると思います。

また別の例でいうと、顧客への提案内容を決める社内会議があったとします。そこには重役が1人出席していました。

その場で3つの案が提示され、そのうちに1つ、顧客から圧倒的に支持されそうな案がありました。しかし、重役は別の案に強い思い入れがあってそちらを強く推してきます。……こんな状況のとき、あなたはそれに反対して、主張することができるでしょうか。

会社員として組織に所属する以上、「顧客に支持されそうだ」という推測だけで重役に異を唱えるのは、難しいのではないでしょうか。

そこでここでは、いくつかの解決案が出たときの選び方をお伝えします。

情報を整理するときの基準

よりよい案を選ぶためには、**各々の案のメリットとデメリットを見比べる**ことが効果的です。たとえばN案とO案で迷ったら、双方のメリットとデメリットをそれぞれ書き出してみます。それをもとに、メリットが大きく、デメリットが小さいほうの案を選択すればいいのです。

ただし、この際に気をつけなければいけないのは、**「それが、誰にとってのメリット（デメリット）であるか」**という点です。

自社にとってはメリットでも、顧客側にはデメリットであること、あるいは逆のパターンになることは少なくありません。

ここでは、メーカー営業の例で考えてみましょう。

メーカー営業には、直接顧客へ販売する「直接営業」と、自社と顧客の間に商社を仲介する「間接営業」の手法があります。

直接営業は、顧客に1つ1つ対応する必要があるため、営業マンにとって非常に手間がかかり、営業マンにとってデメリットです。一方、顧客にとっては間接経費がかからない分安くなるため、メリットがあります。

間接営業は、営業マンにとって、作業や問い合わせ対応などの負荷を商社が担ってくれるのでとてもラクになるというメリットがありますが、顧客にとっては、商

メリット・デメリットは「誰にとっての」かを明確に

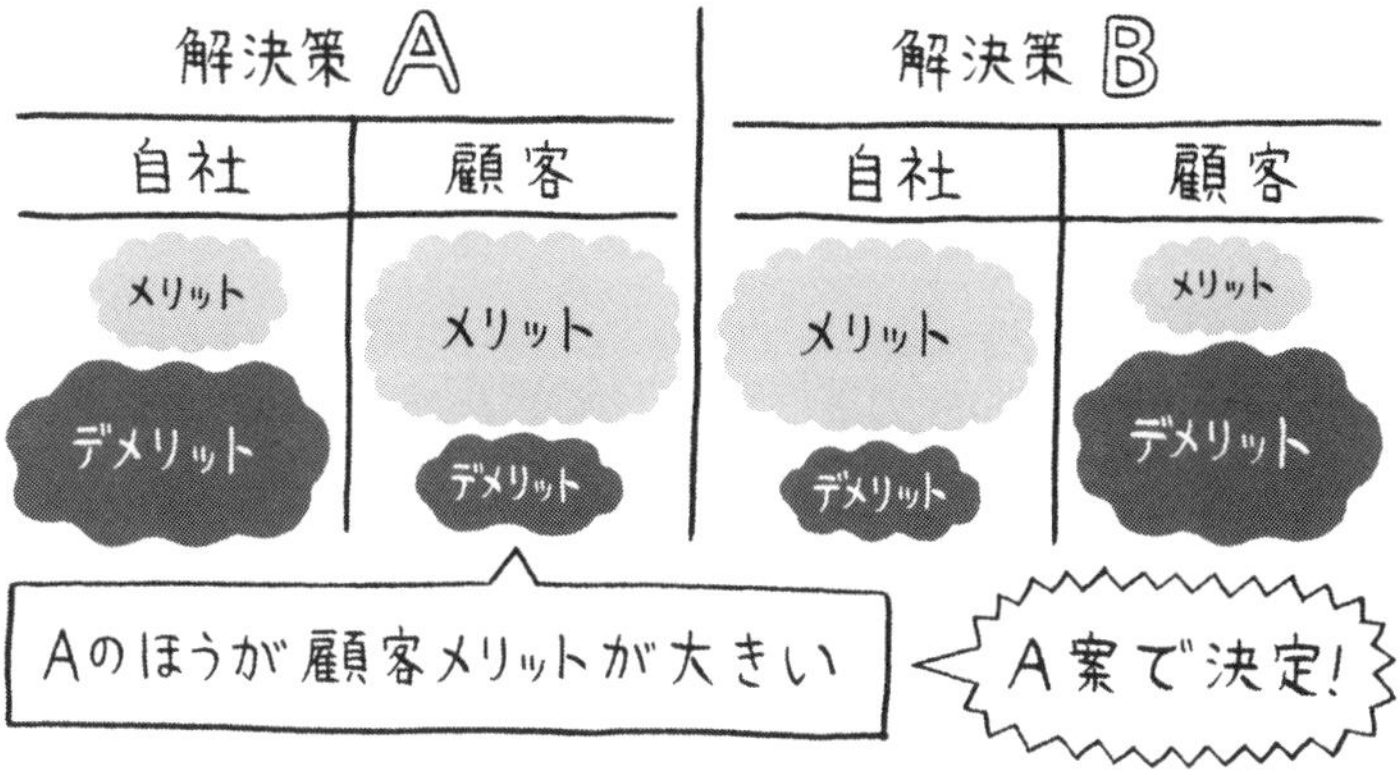

社分の間接マージンがかかって料金が高くなるのでデメリットとなります。

このように、誰にとってのメリット（デメリット）であるかを必ず区別しながら書き出してください。そして、**顧客にとってよりメリットの大きいほう――顧客のニーズ・ウォンツを優先**しなければなりません。

作りやすい、仕入れがしやすい、手間がかからないなど、自社都合のメリットを優先させたくなるかもしれませんが、それは顧客側には関係のないこと。その見分けができないと、問題を解決したつもりが、顧客を失うということにもなりかねません。

複数の解決策が出た場合には、各々のメリット・デメリットで判断し、顧客側のメリットを優先して考えるようにすることがポイントです。

メリットとデメリットが対立するときはどうするか

「自社のメリットと顧客のメリットが対立するときは、顧客のメリットを優先することはわかりました。でも、**自社の中でメリットが対立するとき**は、どうしたらいいでしょうか」

仕事をしていると、そんなシチュエーションで板挟みになってしまうことがあります。ある施策は営業部にとってはメリットだけど、製造部にとってはデメリット、などという具合です。そういうときは、どのように考えればいいのでしょうか。

ここでは、物事を思考する際の「軸」という考え方をご紹介します。「軸」とは、「何をベースにして物事を考えるか」ということです。

たとえば、「自分軸」の考え方は、常に自分中心で物事を考える、ということ。自分軸の人が見いだした解決策は、瞬発思考を使ったとしても、自分自身だけにとっての最適な手法でしかありません。

具体的には、仕事以外の話において、知人が困っていて相談に乗ってほしいという話を受けた場合、自分軸の人であれば、話を聞くのも面倒だとか、自分の知ったことではないなどで、簡単に相手をあしらうことができてしまうでしょう。しかし一方で、もしこの人の相談を受けることで、自身が周囲から評価されたり、大きな報酬を受けることができるとなれば、積極的に支援するというように態度を豹変させるかもしれません。


自分軸が徹底した人は、自分がもっとも利益を得られる、もっとも心地いい状態になることを第一に目指すわけです。つまり、ゴール・イメージは、常に「自分がどうなるか」なのです。

このように自分軸の人は、儲けたい、自分をよく見せたい、知識をひけらかしたい、皆から認知されたい、人気者になりたい、などということが思考の中心となります。

これらは、決して間違っているわけではありません。私たちは誰しも、このような思いは持っていると思います。ただ、それを思考の中心、思考の軸にして、それを常に最優先に考えてしまっては、最適な解決策は導けない、ということになります。

結局、社内が敵ばっかりになる原理

自社内でメリットが対立する、というときも、多くの場合、その根本には両者の軸の違いがあります。

たとえば、営業部は「営業軸」で、自身の売上成績を上げたいから、製造部に対してもっと安く作るように主張します。一方で製造部は「製造軸」で考え、トラブルが起きないよう品質管理を徹底するため、その分のコストがかかり、値段が上がっても仕方がないと考えるわけです。

この場合、双方とも偏ってしまってはいますが、間違った意見であるとは言い切れません。

営業の場合、安価に作らなければ価格競争に勝ち残れませんが、限界がありま す。自社の状況と競合の状況を踏まえたうえで考えなければなりません。競合が中国製のものであれば、コストで勝てるわけがありません。そのため、価格ではないところに優位性をつくり出す必要があり、そこを議論の中心に持っていかなければなりません。

製造の場合、たしかに、品質を向上させないと顧客に迷惑をかけるばかりか、品質問題でトラブルが多発したら、さらなるコスト増につながります。

また、リコールになれば、会社に大いに損害を与えてしまいます。しかし、だからと言って顧客が受け入れがたい価格になっていいわけではありません。高くなりすぎると、市場から受け入れられず、売れなくなります。売れないものを作っても、仕方がないのです。

このように、**互いに自分軸で主張し合うと、それぞれ間違った意見ではないから、結局どんなに議論しても、いつまでたっても並行線になる**のです。そのため、互いに、あるいは議論する全員が同じ軸に合わせなければ、質の高い議論ができないばかりか、最良の解決策を導き出すことはできません。

では、軸はどこに置けばいいのでしょうか。

対立したときの「軸」の作り方

ビジネスにおいては、「顧客軸」での議論が、もっとも望まれます。

「顧客にとって何が最適なのか」を考えれば、「自分の部門がよければいい」というような独りよがりの意見はなくなります。

さらに、「自身の専門性をどうやって顧客の便益につなげられるか」を考えるようになるので、顧客にとってベターな提案が次々に出てきて、議論がよりいい方向に発展しやすくなるのです。

軸を正しく設定すると、社内の対立は解消できる

そういう議論を繰り返していけば、社内は顧客に対する1つのチームとして機能し始めることとなり、常に最良の解決策を導けるようになるでしょう。

たとえば、営業部は、顧客が納得できる品質と価格のバランスはどこなのかを探るようになったり、価格以外での差別化について検討するようになるでしょう。一方で、製造部は、顧客に受け入れられるところまでコストダウンを図りつつ、より顧客にとって使い勝手のいい改善について探るようになるかもしれません。

こうして、**顧客軸を徹底して議論することで、非常に質の高い議論ができ、質の高い解決策をスピーディに導くことができる**ようになるのです。

「強み」を見つける、「強み」を活かす

61ページで、問題解決とは裏返すと「強みの発見」である、というお話をしました。そこで、ここでは瞬発思考法を強みの発見・活用にどう活かすかを考えていきます。

「自分だけの強み」の見つけ方

何かの強みを発見したい場合も、まず第一にすべきは「現状把握」です。これは問題解決の手法と変わりません。事実のみを正確に拾っていきます。第4章で紹介したヒアリングの技術は、そのまま「強み発見」の情報収集に使えます。

この段階では精査する必要はありませんので、「これは強みではないか」と思ったものは、とりあえずは抽出してください。

たとえば、現状を聞き取るヒアリングの中で「営業力がある」という強みを発見

したとします。この場合も、その強みの質を問う前に、ヒアリングによって営業の何が強いのかを発見していくのです。

その内容は「営業マンがたくさんいる」ことかもしれませんし、「営業のしくみが優れている」ことかもしれません。「交渉力のある営業マンがいる」ことかもしれませんし、「多くの販路を持っている」ことかもしれません。どういう点で営業力があるのかを、82ページで「なぜ?」「なぜ?」と繰り返したのと同じ要領で、しっかり掘り下げていくのです（「強み掘り下げ」）。

一般的に、強みというと、

「他社にはないけれども自社にはあるもの、あるいは他社より優位なもの」

というふうに考えられていますので、

「たしかに自社の特徴ではあるが、他社より優れているとは限らない」

「他社で同様なことをやっているところもある」

などの理由から、強みをはじめから除外してしまいがちです。真面目に考えれば考えるほど、

問題解決と強みの活用は表裏一体

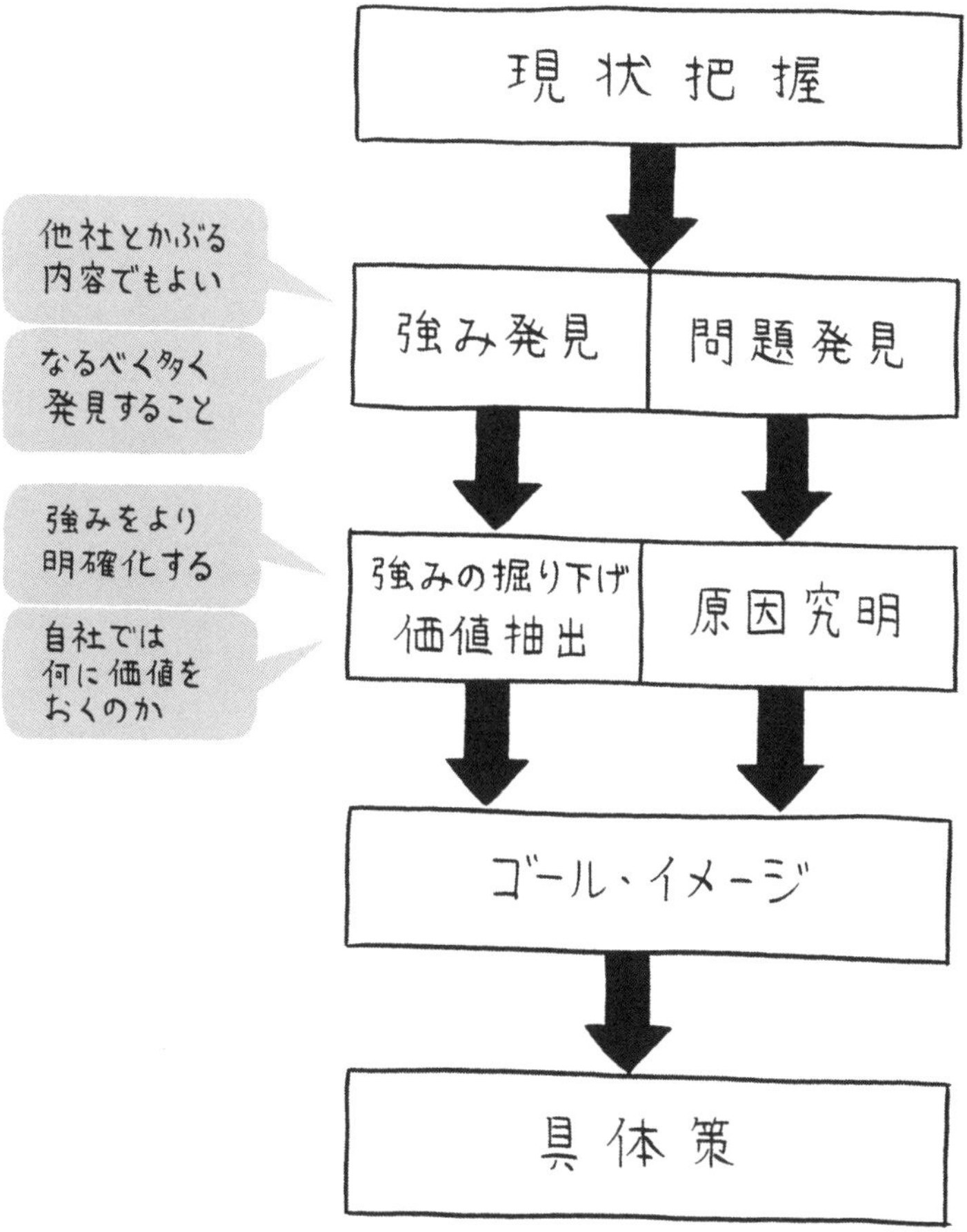

「自社に強みなんてないのでは」

などということにもなりがちです。しかし、**他社が同様のことをやっているからといって、強みにならないわけではありません。**

なぜなら、他社の取り組みが顧客に浸透しているとは限らないからです。自社が強みと思っている機能について、他社と同等レベル、あるいは多少劣っていたとしても、顧客側にその認識がなければ、強みとして主張することは十分可能です。

ですから、最初に強みを発見する際は、なるべく多くの強みを抽出することを心がけるようにしてください。

強みを書き出せたら、それを絞り込んで、今後どこで勝負するかを決めましょう（「価値抽出」）。

つまり、**多くの強みの中から、市場で勝ち残ることができる、顧客に受け入れられるものを選び出す**のです。現状把握がしっかりできていれば、自社では何に価値をおいていくかを選ぶのはさほど難しいことではないはずです。そして、たとえばマーケティングの場合だと、この価値を、いかに顧客に提案するか、市場に浸透させていくかを考えていくわけです。

なお、ここで選んだもの以外の強みについては、自社の価値を補足するためのものとして活用していきます。

どう活かしたら、その強みはより輝くか？

次に「ゴール・イメージ」ですが、これは、価値として選んだものを活かしたり、発展させたりしたときのゴール・イメージを描くということです。問題解決の場合のゴール・イメージは「改善後のゴール・イメージ」でしたが、強み活用の場合は「強みを活かしたときのゴール・イメージ」。その強みを活かした結果、どうなるか、ということです。

そこまで描けたら、「具体策」を考えていくことになります。問題解決の場合は「改善策」になりますが、強み活用の場合は「強みを活かした施策」になります。

このように、強みを活用する手順についても、問題解決の手順と同様、瞬発思考法を使えば、最短距離で最適な施策に辿り着くことができますね。

問題解決と強み活用を同時に考えてはいけない！

ここで1つ注意すべき点があります。それは、これら「問題解決」と「強み活用」を混同して、同時進行で考えてはいけない、ということです。

問題解決を目的としている場面で、強みも一緒に考えてしまうと、

「なぜその問題が起きたか」

という原因追究の意識が弱まります。すると私たちの思考は、

「原因をしっかり追究して、根本的に解決していこう」

というものから、

「その問題によって起こる被害を一番小さくするには、どうしたらいいのか」

「どうすれば、この問題を覆い隠すことができるのか」

といった目的意識にすり替わってしまいがちなのです。結果、**問題を解決するのではなく回避しようとして、肝心の強みまで消してしまう**、なんていうことになったら目も当てられません。

一方で、強みを考える場合も、問題点を一緒に考えるのはやめましょう。せっかく何か強みを見いだせたとしても、同時に問題点を見てしまっては、「その強みを使って、問題点を何とかしよう」

という思考に偏りがちです。せっかくの強みを、問題点を覆い隠すために使えば、その場は無難に乗り切れるかもしれません。しかし、より大きな視点で捉えれば、強みのムダ遣いに過ぎないのです。

ですから、**問題は問題として、強みは強みとして、しっかり区別して考えなければなりません。**問題については原因を究明して改善し、強みについてはその強みを活かす方法を、それぞれ考える必要があります。

しかし、実際に非常に多くの場合で、これらを混同させて考えてしまって、失敗することがよくあります。

以下に、強みと問題を混同させてしまった事例を示しておきましょう。

どの時点で混同が起こってしまったか、考えながら読んでみてください。

Q6

《ビジネス編》商社営業のかけひき

〈P社の営業体制〉

P社は、美容室専門の商社です。美容室やサロンに、ヘアケア商品や美容関連商品などを卸しています。

P社のQ社長の経営方針で、営業は、組織として取り組むのではなく、営業マン個人を主体として実施する体制をとっています。つまり、どの商品をどの客に、どのように提案するかについて、すべて営業マン個人に任されています。そのため、営業成績は個々で大きな差がついてしまっています。

具体的な営業マンの構成は、営業部員が10人で、役職者はいません。その中の1人であるR氏という、入社15年目のベテラン営業マンがいます。

R氏の営業スキルは他の人と比べて飛び抜けて高く、顧客に対し、提案営業だけでなく、店舗運営の支援などのコンサルティングも行なっています。

そのため、R氏は顧客からの信頼も厚く、営業成績も他の営業マンの2～3倍あります。

しかしR氏は、自身の営業手法やノウハウ、顧客情報を他人に決して教えませんし、提案資料も自身で作成していて、他者に共有していません。

〈P社の近況〉

近年のP社の売上は、横ばいが続いており、伸び悩んでいます。

またQ社長は、個々の営業マンがなかなか育たないことを懸念しており、R氏に若い営業マンを育てるように依頼しました。

しかしR氏は、社長から与えられた個人の売上目標が高いため、自身の営業活動に忙しく、育成することができていません。そのため、Q社長は、R氏が独立して、顧客を持っていってしまうかもしれない、という疑念を抱くようになりました。

このような中、Q社長は、今後さらに売上を伸ばして業績をあげていくには、組織改革が必要であると考えるようになりました。

〈Q社長が打ち出した改革〉

そこでQ社長は、大きな営業改革を打ち出しました。それは、組織的な営業スタイルを確立する、ということです。

具体的には、営業部門のほか、新たに企画部門を設立し、企画部門にチラシの作成やコンサルティング機能を移し、営業は純粋な営業活動に特化させることで、訪問件数を増やし、より多くの新規開拓ができるようにしたのです。

一方で、個人営業のスタイルはそのまま残し、管理職不在のフラットな体制を維持しました。組織化すると組織としての事務作業が増え、各営業マンの負担が増えてしまいがちです。それを防ぐために、個人スタイルの体制を維持することにしました。

これにより、組織的な体制を構築しつつ、個々の営業マンは身軽なままで、営業マンの機動力を維持できるようになりました。

さて、ここまでで、P社が抱える問題と、Q社長による〝問題解決策〟はすべて提示しました。

その結果、P社、そしてR氏はどうなったと思いますか。

客観的な視点から、Q社長の施策の問題点を考えてから、先に進んでください。

〈施策の結果〉

今回の改革により、R氏は、得意のコンサルティング能力を使うことができなくなりました。そのためR氏は、顧客のところに行っても現場の支援ができず、物品を売り込むことしかできなくなりました。

R氏によるコンサルティングの機会を失ったため、顧客からはR氏の対応が悪くなったという話がありましたが、今回の取り組みは経営方針であったため、そのクレームに対応することはできませんでした。

さらに、R氏によるコンサルティング提案が顧客にとって大きな差別化となっていたため、P社は差別化要因を失い、R氏の顧客は、より安いところから物品を購入しようとして、低価格競争に陥ってしまいました。

そのため、顧客への販売単価は値下がりし、さらに一部の物品販売は競合他社に取られてしまいました。R氏の売上と利益はともに大きく落ち込み、R氏のモチベーションも完全に低下してしまいました。

また、R氏以外の営業マンも、1件1件を丁寧に提案する営業スタイルから、訪問件数を増やす営業スタイルに変わりました。その結果、営業活動は雑になり、1人1人の顧客と向き合わなくなりました。

　競争の激しい業界のため、R氏と同様に低価格競争に陥り、利益率は低下しました。ただ、訪問件数は増えました。しかし、ほとんどの美容室にはお抱えの商社がすでに入っているため、新規開拓は難航しました。開拓できても、超低価格、超低利益での受注しか取れませんでした。


　企画部門は、そこに配属された人員に、元々チラシやコンサルティングのノウハウを保有した者がいませんでした。R氏は営業で多忙であり、R氏からの指導が受けられないため、OJTもなく、個々で勉強しなければならなくなりました。しかし、チラシやコンサルティングの質は向上せず、いつのまにか企画部門は、チラシを作る作業を行なう部門になってしまいました。

　その結果、P社は、売上・利益ともに大きく減少してしまい、社員全体のモチベーションも大きく下がってしまいました。

この事例で、結局P社は売上も利益も大きく減らしたうえ、社員のモチベーションまで下げてしまったわけですが、いったい何が悪かったのでしょうか。

その要因は前述のとおり、Q社長が、自社の強みと問題を混同してしまったことにあります。


P社の強みは、R氏という強力な営業マンの存在であり、R氏の保有する、チラシやコンサルティングのノウハウです。

一方、P社の問題点は、R氏のノウハウを、組織として共有できていないことです。

本来、Q社長が取るべき施策は、P社の強みを活かし、問題点を改善することです。しかしQ社長が取った施策は、R氏からコンサルティングの機会を奪うという、本来とは真逆の、強みを消してしまう施策だったのです。このように**強みと問題を混同させた中で施策を検討すると、思いがけない、取り返しのつかない判断ミスを犯してしまう**ことになるのです。

P社の強みと問題点とは?

P社
強み
R氏という強力な
営業マンの存在。
チラシ
R氏が保有するチラシ、
コンサルティング等の
ノウハウ。
問題点
R氏のノウハウを組織
として共有する体制が
未構築。
売上目標
R氏個人の売上目標が
高く、目標達成に忙しい
ため、若手を育成する
時間が取れない。
売上が横ばい。
営業マンが伸び悩んでいる。

では、Q社長はどのような施策を打ち出せばよかったのでしょうか。

〈P社の問題点を解決し、強みを活かすための施策〉

強みを活かし、問題を改善する場合、R氏が個別に保有するノウハウを、組織的に展開する体制を構築することが必要でした。具体的には、たとえば営業部門を組織として機能させることです。

その際、R氏を営業部門のトップにして管理職に抜擢し、R氏には、自身の保有するチラシ作成やコンサルティングのノウハウについて体系化し、部下を指導させるようにします。また、R氏は営業部門全体の営業成績の責任は負いますが、個人のノルマはすべて放棄させ、R氏の顧客はすべて部下に割り振ります。そしてR氏の役割を、各営業マンのフォローと教育に集中させるのです。

もちろん、R氏が担当していた顧客は、しばらくはR氏が他の顧客よりも注力して確認する必要がありますが、無理のない中で部下に引き継ぎを行なえば、1カ月程度で、完全に引き渡すことが可能になるでしょう。

このような体制を構築することで、すべての営業マンが、R氏のチラシ作成やコンサルティングのノウハウを享受することができ、さらに、新たな営業マンを採用しても、ノウハウが体系化されているため、R氏の教育のもとで、短期間でレベルアップすることが可能になります。さらに、R氏の退職で顧客が流出するリスクも大幅に軽減できます。

まずは問題と強み、それぞれを明確にして区別すること。そして、問題は原因を究明して改善する、強みは価値を抽出して展開させていく、というそれぞれ別々の手順で施策を構築することが重要です。

強みと問題を混同した施策

施策

- 新たに企画部門を設立し、営業部門から企画部門に、チラシ作成、およびコンサルティング機能を移した。
- 営業は、純粋な営業活動に特化させた。
- より多くの新規開拓ができるよう、訪問件数を増やす方針を打ち出した。

結果

- R氏は単なる物品販売の営業マン化し、P社は低価格競争に陥った。単価は下がり、競合に奪われる商品も発生し、R氏の売上、利益率はともに減少し、R氏のモチベーションも低下した。
- R氏以外の営業マンは、訪問件数は増えたが、営業が雑になった。また、顧客の多くはすでに取引のある商社を持っており、新規受注は増えず、取れても超低利益率であった。
- 企画部門はコンサルティングのノウハウを持っておらず、習得の手段も得られないため、チラシの作成作業を請け負う部門と化した。

強みを活かし
問題を改善した施策

施策

- R氏を営業部門の管理職に就任させ、R氏個人のノルマは廃止、営業部門としての営業成績に責任を負わせるようにする。
- R氏の役割を、管理職として、各営業マンのフォローと教育に集中させる。
- R氏の保有するチラシ、コンサルティングのノウハウを体系化する。
- R氏の保有するチラシ、コンサルティングのノウハウを、営業マンすべてに身につけさせるよう、組織的に共有する体制を構築する。

結果

- R氏のチラシ、コンサルティングのノウハウを、営業マン全員が享受できる。
- 個々の営業マンの底上げ（レベルアップ）が狙え、全営業マンが、差別化した営業活動が実施可能となる。
- コンサルティング提案という差別化により、高利益率による新規開拓が期待できる。

「瞬発思考法」と「PDCA」「トライ&エラー」

仕事の基本「PDCA」は、どうしてうまく回らない？

「PDCA」という言葉を聞いたことがありますか。

これは、ビジネス書などのテーマとしても定番の仕事への取り組み方で、Plan（計画）、Do（実行）、Check（検証）、Action（改善行動）の頭文字を取ったものです。この「PDCAサイクル」を繰り返すことで、業務がどんどん改善していきます。

このPDCAは、一般の業務だけでなく、品質管理や生産管理、営業活動、経営全般でも活用されています。

また、個人のレベルアップとしても、このPDCAを活用することが望ましいといわれています。

この手法は、昔から仕事の基本として知られていますが、私は、PDCAサイク

ルを回すのは非常に難しいことだと思っています。というのも、ＰＤＣＡサイクルを回すためには、

・合理的に検討された計画（＝Ｐ）
・適切な検証（＝Ｃ）
・具体的な改善行動の提案と実施（＝ＤとＡ）

が必須だからです。これができるなら、ＰＤＣＡサイクルを回さなくてもいい仕事ができる、といっても過言ではないでしょう。

とくに難しいのが、「合理的に検討された計画」です。現状把握とゴール・イメージ、そしてそれに向けた具体策が揃ってはじめて、「合理的に検討された計画」はできあがることになります。

さて、ここで、このプロセスに見覚えはありませんか。そう、ＰＤＣＡのＰ（Plan：計画）は、瞬発思考法とイコールなのです。

精度の高い計画（Ｐ）が立てられれば、具体策を行動に移したときの成功率が高まり、失敗は大きく減少します。それだけでなく、正式なプロセスで構築された施

策であるので、検証（C）がしやすくなるのです。

しかし、一般的に計画を立案する際は、ここまで綿密に練ることは少ないのが現状です。深く分析しない中で計画を作成してしまうので、成功する割合が低下してしまいます。また、元々の計画に戦略性や狙いがあったわけではないので、行動した結果の検証が難しくなってしまうのです。

このように、事業や業務などでＰＤＣＡサイクルを回して継続的な改善を図るためにも、結局は、本書でご紹介している瞬発思考法の手順を用いて精度の高い計画を構築することが重要です。

ＰＤＣＡと問題解決は、まったく関連しない別々の要素のように考えてしまう傾向がありますが、密接につながっていることを理解しておいてください。

トライ&エラーは、痛恨のミスを呼ぶ「罠の構造」

続いて「トライ&エラー」について考えてみましょう。

こちらは仕事に限らず何かに取り組む際の姿勢として、よく使われますね。個人的な感覚では、大きな成果をあげられた方ほど、「トライ&エラー」の重要性を言っている気がします。

でも、「トライ&エラー」を文字どおり捉えると、「試してみて失敗したら改善する」。つまり、「色々と考える前に、とりあえず行動し、試してみよう、その上で、失敗したら見直そう＝まずは何も考えずに行動する」ということになってしまいます。

本当にそれでうまくいくのでしょうか？　いいえ、そうは思いません。なぜなら、一度致命的なエラーをしてしまうと、多くの場合、立て直すことができないからです。

おそらく多くの方がおっしゃる「トライ&エラー」とは、「試してみて失敗したら改善する」ではないのだと思います。周囲に「行動の重要さ」を促すために、この言葉を使っているだけで、実際にその方々は、トライする前に、しっかり吟味をされているのではないでしょうか。

そう、「何も考えずに闇雲に行動する」のは、決して成功への近道ではないのです。

トライするためにも、改善していくためにも、具体策を構築すること、計画を立てることは必須です。

決して緻密なものでなくても構いません。

無闇に「トライ&エラー」をし始める前に、ぜひ瞬発思考で問題の解決法を見通してみてください。そうすると、挽回できないほどのエラーを防ぐことができるほか、目指すゴールにより早く辿り着くことができるはずです。

PDCAと瞬発思考とトライ&エラー

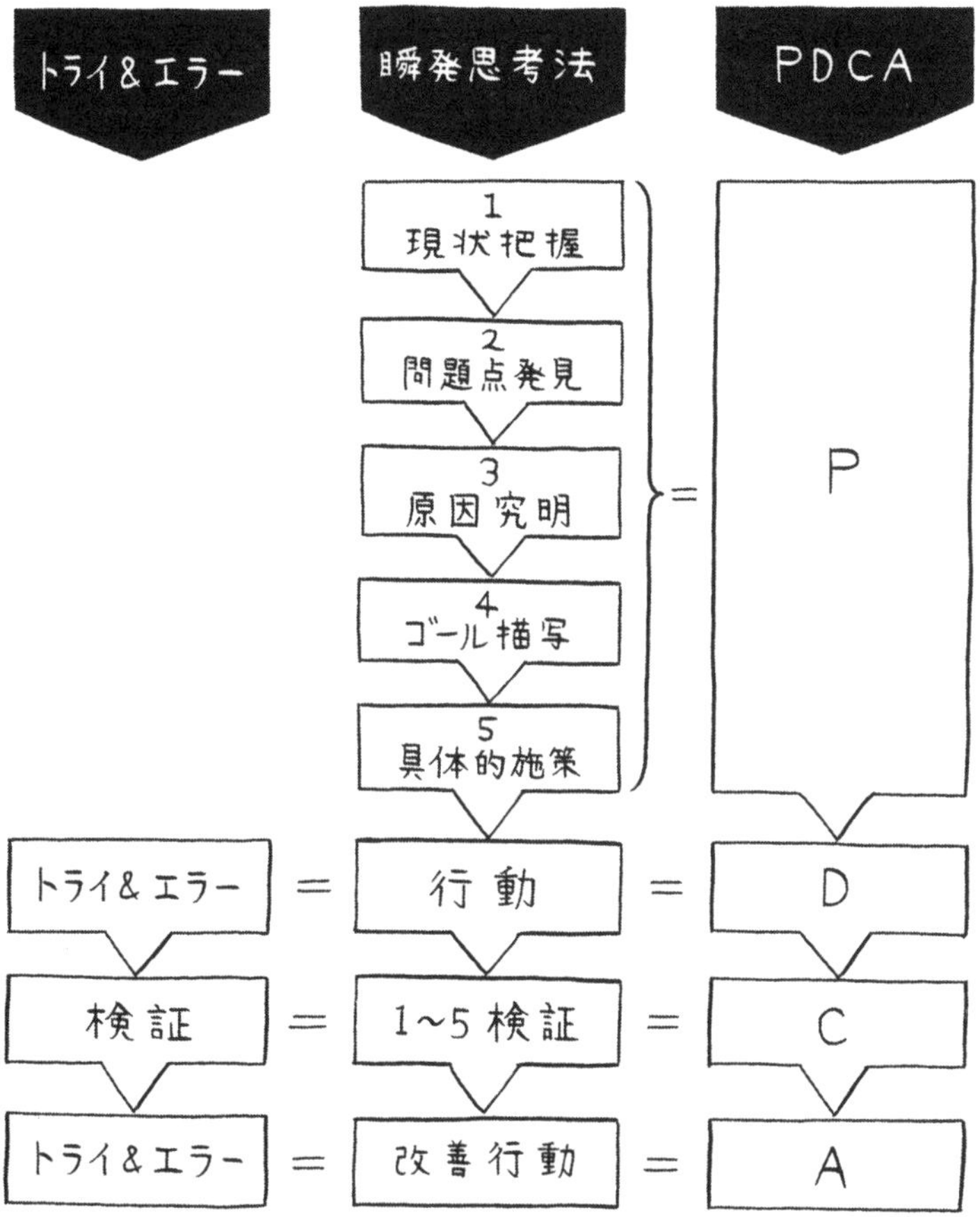

この「トライ&エラー」をよく耳にするのが、飲食店のメニュー開発や、小物の商品開発で、「お客様に何が受け入れられるかわからないから、とりあえず出してみよう」というものです。しかしこれは、決して言葉どおりの闇雲な「トライ&エラー」を実施しているわけではありません。

実は開発者の頭の中ではしっかり「瞬発思考法」で思考し、「PDCA」を回しているのです。

複雑な状況を総合的に判断するための思考法

今まで、働く人個人に起こりがちな問題を例に、その的確な解決策を導く思考法についてお話ししてきました。

しかし、仕事をしていくうえでは、より大規模で複雑な状況の中で、全体として的確な判断をしなければならない場面もあるでしょう。

たとえば、企業の戦略的な経営判断では、様々な状況を考慮して意思決定しなければなりません。

また、国や地域の行政に関する政策の場合、老若男女の様々な国民の課題を解決しなければなりません。あるいは、私が日々、仕事としている「事業デューデリジェンス」も、企業全体の問題を見ることが多く、ほとんどの場合、大規模で複雑な状況にあります。

より大規模な問題解決は、様々な要素が絡み合って、状況は極めて複雑になります。そのような場面で、目の前で起こった問題だけに注目して思考をしていると、部分的で偏った対応策しか描くことができず、本質的な解決には至りません。

そこで、本書の最後に、物事を総合的に捉えて、企業あるいは社会全体をよくするような解決策を導くに方法について、見ていくことにしましょう。

「本質を捉える」ための3つの力

ここでは、企業経営を例に出して説明していきます。

企業には、経営や組織、営業や製造など、考慮すべき様々な活動があります。もし会社の業績が低迷している場合、その会社は、これらの活動の中で様々な問題を抱えているもの。何か1つの問題を解決するだけでは、会社の業績は改善しません。

ではどうすればいいか。まずは、①全体を細分化し、その1つ1つの要素について瞬発思考を使って現状把握し、問題点と原因、強みを抽出します。

こうして漏れなく把握したうえで、②全体を俯瞰し、何が重要なのかの本質を見極めます。そこから、③ビジョンを描いて具体策に落とし込むのです。

その1つ1つのステップは、次のとおりです。

複雑な状況における思考法①
細分化し、それぞれを掘り下げる

たとえば、近年業績が悪化している企業があるとします。まずは、会社全体を活動内容で分け、さらに細かく細分化して、分解した各要素に対して1つ1つ瞬発思考法で掘り下げます。つまり、①広く　②細かく　③深く　ヒアリングをして、会社全体を網羅的に把握するのです。

企業経営では、メーカーでは大きく「経営」「組織」「営業」「製造」という活動内容がありますが、そのそれぞれを、構成する要素別に細分化します。

具体的には、「経営」を細分化すると、「経営体制」「ビジョン」「経営戦略」「リーダーシップ」などがあり、また「組織」を細分化すると、「組織体制」「役割分担」「社員の意識」「コミュニケーション」などがあります。

さらに、「経営」の中の「経営体制」を掘り下げてみると、社長と専務取締役が各1人の2人体制であるとします。しかし、社長と専務との会話はほとんどなく、また経営会議も実施していないため、社長や専務は現場の状況をほとんど把握できていません。そのため、業績は悪化する一方ですが、社長や専務は、何が問題なのか、どうすればいいのかがまったくわかっていない状況です。

これらの問題は、経営者や役員が現状をタイムリーに把握できていないこと、現状を把握できる体制が構築できていないことが原因です。ですから、「経営体制」に関しては、月1回程度、経営会議を開催し、社長と専務、各現場の責任者が出席し、その中で業績と現場の状況を共有し、改善に向けての議論をして改善策を構築する、というゴール・イメージが描けます。

あるいは「営業」であれば、「営業体制」「営業戦略」「営業活動」「顧客管理」などです。これら細分化した要素について、1つ1つ掘り下げます。

ここではためしに「営業体制」を掘り下げてみましょう。この会社の営業部門は、課長1人と部下5人とします。しかし、課長は部下の管理や指導をしておらず、課長自身もプレイヤーとして自身の担当である既存顧客を回っていました。日報もなく、営業会議もしていません。そのため、部下の営業活動の質が低下している可能性があります。

そこで、続いて「営業」の「営業活動」を掘り下げると、各営業は、自分が担当する既存顧客の中で、一部の顧客の、仲のいい担当者にしか面談していませんでした。つまり、既存顧客をしっかり回っておらず、新規開拓もまったく実施していなかったのです。また、面会している既存顧客の案件が競合に流れても、決裁者にも会わず、何の対策も打っていなかったのです。

つまり、既存顧客の売上の一部が他社に流出し、新規顧客も開拓できていないから、売上が下がっているのです。

これらの原因は、営業管理の欠如と、営業担当の意識低下です。そのため、改善イメージとして、各営業担当に、既存だけでなく新規開拓も実施させること、１つ１つの案件について、競合に負けないように的確かつ迅速に提案すること、競合の情報を入手して提案力を高めること、そしてこれらを機動的かつ的確に実施するために、徹底して営業課長が営業担当者を統制し、管理、指導することがあげられます。

このようにまずは全体を細かく分けて、１つ１つの要素を瞬発思考法で現状把握し、問題点を掘り下げて原因を究明していきます。そうして全体を細かく把握できたら、改善活動に移る前に、次のステップに進みましょう。

複雑な状況における思考法②
全体を俯瞰し、本質を見極める

次に、把握できた問題点から、何が重要なのか、どこに重点を置くのかを、全体を俯瞰しながら見極めます。

「全体を俯瞰する」ためには、視野を広げて、様々な情報を思考に取り込まなければなりません。

しかし実際には、膨大で煩雑で細かい情報のすべてを思考に取り込むことはなかなかできません。なぜなら、いくら膨大な情報をヒアリングして、あるいは書物などから情報を収集しても、頭の中に残るのはほんの一部だからです。

頭のメモリ（短期記憶）に残っている情報は極めてわずかです。そのわずかな情報で全体を捉えようとしても、結局は「自分の得意分野」を「全体」と取り違えて思考することになってしまいます。

つまり、どんなに網羅しようとしても、視野は狭く、思考は偏ってしまうものなのです。

これでは客観的な判断も、全体を捉えた施策の構築もできません。

解決策から「死角」をなくすには？

それでは、どうすればこの膨大で煩雑で細かい情報を捉えて、大局的に思考してポイントを見極めることができるのでしょうか。

それには、「①情報整理　②情報の見える化　③大局観」というプロセスで全体を俯瞰することです。

まずは「①情報整理」ですが、膨大で煩雑で細かい情報は、そのままでは中身すべてを捉えることはできません。そこで、情報を絞り込んだりグルーピングをするなど、整理して、内容を瞬時に理解できるかたちにする必要があります。あるいは、問題点の抽出とは別に強みの分析をして、捉えておくことも有効です。「フレームワーク（３Ｃ分析、ＳＷＯＴ分析など）」は、こういうときに役に立ちます。

次に「②情報の見える化」ですが、これは「把握した現状や問題点・強みを、紙やパソコン上で見えるかたちにする」ということです。見える化することで、1つ1つの現状を目で確認しながら、全体を俯瞰するという思考ができるようになります。

見える化しないまま考えようとすれば、記憶に残った一部の情報だけで全体像を捉えようとする傾向はますます強くなります。それを防ぐために、集めた情報をくまなく可視化していくのです。

整理されて見える化された情報を1つ1つ確認することで、はじめて私たちは全体を見ることができるようになります。こうして、「③大局観」で、本質的で総合的な解決策を導くことができるのです。

「見える化」は思考の幅を広げる特効薬

今ご紹介した「見える化」のテクニックは、身近な場面でもすぐに活用することができます。

たとえば、会議の場で、周囲の発言をメモして現状の見える化をすることで、メモを見ながら色々と考えることができるので、自身の思考が広がり、提案の質がグンと上がります。ただ人の話を聞くだけでは、そのとき思ったことや、過去に自分の経験したこと（もともと長期記憶にある内容）を、加工なしにそのまま発言することくらいしかできません。

また、部下や後輩から相談されたときでも、相手の話のメモをとることで、1つ1つの細かい現状把握ができ、そのメモを見ながら頭を整理できるので、より相手に的確なアドバイスができるようになります。

とても単純で簡単に実行に移せて、非常に大きな成果が得られますので、ぜひ実行してみてください。

「考える」と「手を動かす」を切り離す

複雑な問題の全体像を捉えるためのもう1つのポイントは、**「思考と作業の分**

離」を意識することです。

人間は、「思考」と「作業」を同時並行で実施することができません。もし同時に実施すると、思考と作業を切り替えながら進めなければならないので、ムダな時間が増えます。さらに作業の効率は大きく下がり、思考の質もグンと下がります。

その結果、仕事の完成に長時間かかったり、負担も大きくなりますが、一方で成果物の品質は低くなります。

つまり膨大で煩雑な情報を取り扱う仕事においては、**まずはしっかり整理してから（＝「作業」）、分析を行なう（＝「思考」）**ことが望ましいといえます。

作業と思考を切り分けることによって、作業を体系化することができ、効率アップにつながるのです。

また、整理され、必要なものだけに絞られた情報をもとに思考することができるため、集中力も上がります。

こうすることで、「作業」と「思考」の双方について、スピードと品質を格段に向上させることができるでしょう。

思考と作業は同時進行できない

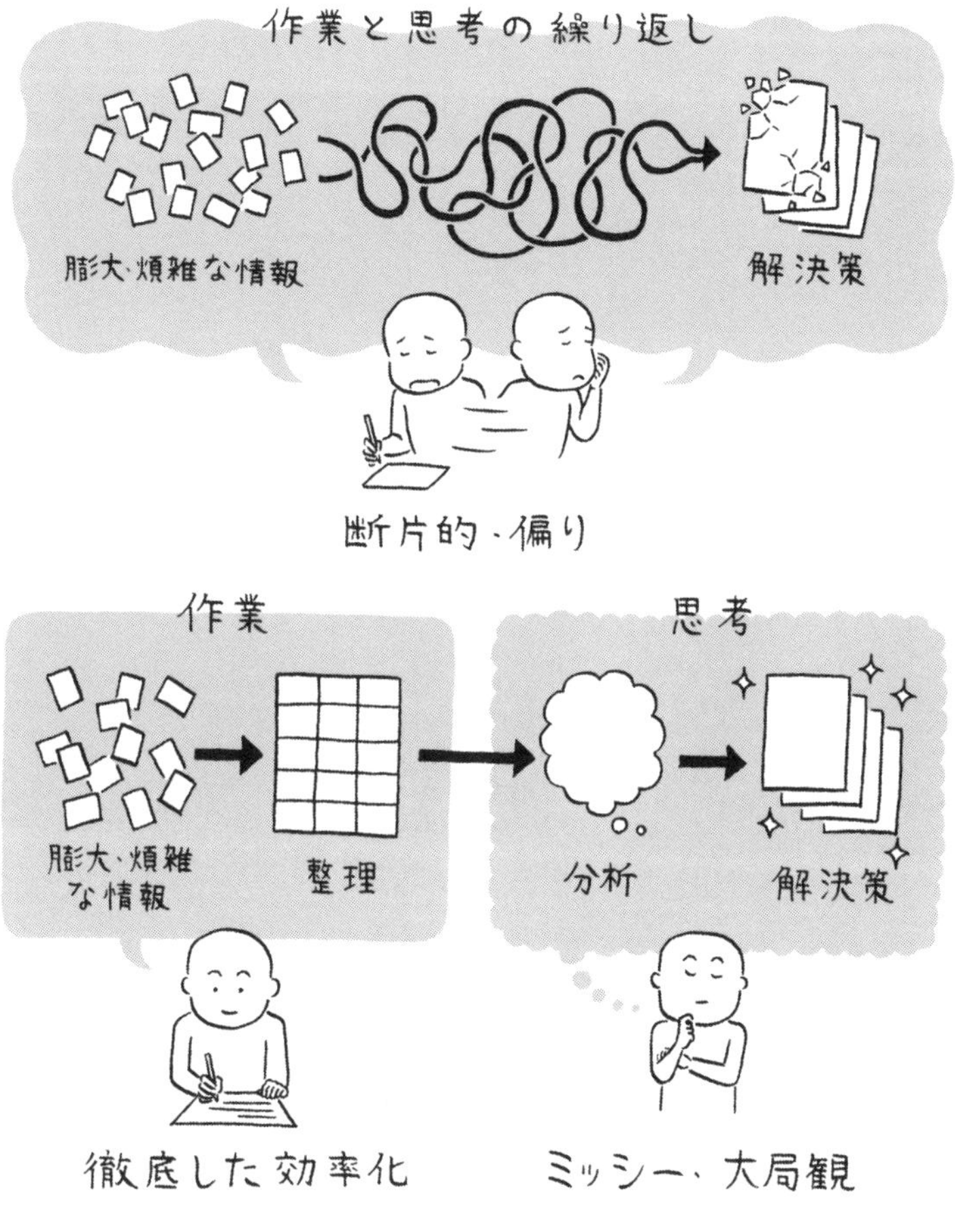

これまで何度か、私の仕事である「事業デューデリジェンス」のお話をしてきました。これは、業績が悪化した企業の様々な情報を把握し、再生に向けての方向性と具体策を提案する仕事です。まさに、膨大かつ複雑、細かい情報を、整理して、分析して、結果を導く仕事です。

これをたった1人で、短時間で行ない、高品質な成果物を提示できるのは、徹底して思考と作業を分離して、効果的かつ効率的に仕事をしているからなのです。

複雑な状況における思考法③
ビジョンを描き、具体策に落とし込む

こうして全体を俯瞰したうえで、会社の経営戦略を構築し、企業の目指すべきゴール・イメージ（ビジョン）を描いて、具体策に落とし込みます。

このプロセスで思考すれば、複雑な状況も的確に判断でき、判断ミスによる業績悪化を防止することができます。国や地方自治においても、税金を有効に活用して、適切に改善していけるはずです。

しかし現実は、多くの企業経営者やコンサルタント、政治家が、様々な判断ミスを犯しているのが現状です。

なぜコンサルティングのプロですら判断ミスしてしまうのか

なぜ、多くの場面で判断ミスが起きてしまうのでしょうか。

そこには、3つの要因があると思います。

まず1つめは、複雑な状況にもかかわらず、現状把握を正確に行なわないからで

す。そのため、極めて部分的な現状だけに反応して判断してしまい、一部は改善されるがそれ以外は改善されない、という偏った結果になってしまいます。

たとえば、政治家が、市場経済全体を俯瞰せず、マスコミが注目する内容にだけ反応して政策を打ち出すことは、日常的に目にする光景です。


2つめは、「本質を見極める」ことを行なわずに、把握した問題点の改善策だけに目がいってしまうことです。これでは、部分的に改善されても、全体としての成果がマイナスになることがあります。

たとえば、コンサルティングの場面で、これ以上資金を借りると危険な会社に借入を勧めたり、安売りをしたらいけない会社に安売りのチラシ作成を支援するなどです。こういう経営判断ができずにミスリードするコンサルタントは、残念ながら、非常に多いのが現状です。

また、前述した「現状把握をした内容を『見える化』して全体を俯瞰する」というプロセスを実施せずに、頭のメモリに残っている、一部の偏った情報だけで具体策を検討してしまう、というケースも同じです。

そして3つめは、最初に改善ストーリーを決めてしまうことです。現状把握が不十分な中で全体を決めてしまうと、内部分析が、ストーリーに合わせるための根拠探しになってしまい、ストーリーに合わない分析結果を切り落としてしまいます。つまり、単なる辻褄《つじつま》合わせの思考になってしまうのです。これでは、内容は作為的になり、全体を網羅した本質的な解決策を構築することはできません。

たとえば、大手企業の社員が企画書や書類を作成する場合、内容をよく見せるため、このストーリーありきの手法をとることが多々あります。その結果、一貫性のある書類は作成できますが、内容が偏り、現状とかけ離れてしまう場合も多いのです。

どんなに問題が複雑になっても、基本はやはり、「正確な現状把握」です。困難な場面に遭遇したときこそ、網羅的に俯瞰した現状把握に徹し、焦ることなく本質を見極めてください。その力が、真の問題解決力といっても過言ではないのです。

おわりに

本書では、「思考の手順」を中心に、練習問題も交えてご紹介してきました。「問題解決力がつく」「（本当の意味での）思考する」とはどういうことか、少なからず感じていただけたかと思います。

一貫してお伝えしているポイントは、現状を正しく把握し、問題を発見し、原因を究明し、ゴール・イメージを描き、具体策に落とし込む、ということです。この一連の「瞬発思考」に親しみ、自然とできるまで繰り返していただければ、どんな複雑な問題が起こったとしても、必ず最善の対処法が見えてきます。

反対に、これらの手順をないがしろにして、「思考しない」でいれば、111ページでご紹介した「思考のクセ」にとらわれて、

「頭が固くてちゃんと話ができない」

「イエスマンで上司がいないと何も決まらない」

「過去の成功体験を押し付けるだけ。時代に合っていないのに気づいていない」

「難しい話でごまかしてばかり」

「他から持ってきた知識を引用するだけ」

「相談しても、結局、何も解決しない」

などと、部下や仕事の相手から言われてしまうことになりかねません。

本書は、仕事ができず落ちこぼれていた私が、連続して起こるトラブルを、最短で、もっともよいかたちで解決するために体系化した「思考の手順書」です。自然と使えるようになるまで繰り返した結果、社内でダントツの営業成績を上げられるようになったばかりでなく、独立後も同業者とは比べものにならないくらいの「思考スピード」と「成果」を出すことができています。

生まれ持った頭のよさや記憶力、学歴は関係ありません。実践し、繰り返してさえいただければ、誰もが仕事の質とスピードをアップさせ、顧客から感謝され、周囲からの評価も上がっていくでしょう。そうすると、おのずといろいろなことにチャレンジでき、経験を積めば積むほどよりやりがいが増していく、そんな充実した仕事人生が開けていくはずです。

本書が、皆さんの仕事人生をより豊かにする一助となることを望みます。

著者紹介

寺嶋直史（てらじま・なおし）

事業再生コンサルタント。中小企業診断士。大手総合電機メーカーに１５年在籍し、部門で社長賞等多数の業績賞獲得に貢献、個人では幹部候補にも抜擢される。２０１０年に事業再生コンサルティング会社の（株）レヴィング・パートナーを立ち上げ、代表取締役に就任。様々な業種の事業デューデリジェンスをはじめ、経営のしくみ構築、業務改善、売上アップなど幅広い支援を行なっている。その他、１年で一流の経営コンサルタントを育成する「経営コンサルタント養成塾」の塾長として、事業デューデリジェンス、財務分析、経営改善、事業計画、金融機関対応、マーケティングなど、様々な講義を行なう。著書に『事業デューデリジェンスの実務入門』(中央経済社）等がある。本書では、事業再生コンサルタント業務の中で活用している、問題の本質を即座に見抜き、根本的に解決していく方法を体系化。誰でも、日々起こる大小様々な問題を解決し、仕事のクオリティとスピードを上げていくことができる。

ホームページ ▶ http://www.reving-partner.com/

メール ▶ info@reving-partner.com

究極の問題解決力が身につく

瞬発思考

2018年1月30日　第1刷発行

著　者　寺嶋直史
デザイン　TYPEFACE（AD. 渡邊民人 D. 小林麻実）
イラスト　白井　匠
校正・校閲　株式会社文字工房燦光
編　集　宮本沙織
発行者　山本周嗣
発行所　株式会社文響社
〒105-0001　東京都港区虎ノ門2-2-5　共同通信会館９Ｆ
ホームページ：http://bunkyosha.com
お問い合わせ：info@bunkyosha.com

印刷・製本　中央精版印刷株式会社

©2018by Naoshi Terajima　ISBN コード：978-4-86651-046-0　Printed in Japan

この本に関するご意見・ご感想をお寄せいただく場合は、郵送またはメール（info@bunkyosha.com）にてお送りください。